"QUEEN *of* SWAG"

RIEHATA

逆境モチベQUEEN

KADOKAWA

はじめに

皆さん、こんにちは。RIEHATA《リエハタ》です。

RIEHATAって誰だろうと思いながら、この本を手に取ってくれた人もいるかもしれません。「逆境」という強い言葉が入っているタイトルに惹かれ、刺激が欲しいから読んでみようと思った人も、自分の好きなアーティストやアイドルの振付師として私に興味を持ってくれた人もいるかもしれません。

そして、RIEHATAのことをよく知ってくれているファンの皆さん（はたふぁむ❤）。

いつも応援してくれてありがとうございます！

本を通して、すべての読者にポジティブなエネルギーを届けられたらいいなと思います。

この本では、小さいころから現在に至るまで0〜30歳のリアルなRIEHATAを赤裸々につづっているので、きっと共感したり、びっくりしたり、笑ったりしながら楽しんでもらえるのではないかと思います。ＲＩＥＨＡＴＡにどんなバックグラウンドがあるのかを知ってもらうことで、もっとヒップホップダンスやＲＩＥＨＡＴＡの仕事に関心を抱いてもらえたら光栄です。

人前で話をしたり、ＳＮＳで文章を書いたりするのは好きですが、今までなかなか自分のことや経験を丁寧に説明する機会はありませんでした。

30歳にして自伝を刊行することになり、自分でも驚きで、まだ信じられないのですが、この本を通して私のこれまでのさまざまな逆境やそこからのサバイブ術を知ってもらい、「モチベーションが上がった！」とか「あきらめないでがんばろう」とか、少しでも明るい気持ちになってもらえたら、とてもうれしいです！

今まで30年間生きてきて、基本的にはハッピーなことが多かった。でも、たくさんの逆境を乗り越えてきたからこそ、よりハッピーを感じられるんだろうと思えることがいっぱいあります。

子どものころの逆境、大人へと成長するときに訪れた逆境、海外で出合った逆境、親としての逆境、トップに立ったからこその逆境……。本当にいろんなシチュエーションでたくさんの逆境が訪れたけれど、全部違っているように見えて、振り返ってみると根本的には同じなんですね。

自分の中で積み重なっている経験という教科書を通して、たいていの問題は全力で乗り越えてきました。逆境に、自分に、負けるもんかという気持ちが強いモチベーションになり、闘い続けてこられたのだと思います。逆境があったからこそ、自分で考え、工夫し、努力するクセも身につきました。本の中には、その具体的な実体験が次々と登場します。

『逆境モチベQUEEN』なんていうと、まるで逆境が好きな人みたいですよね。確かにそういうストイックな部分が、自分にはあると思います。すべての逆境やネガティブな思いを全部チャンスに変える。それを自分の強みとして生きてきました。周りから見ると、ストイックすぎておかしいかも!?(笑)

どうやって逆境をチャンスに変えてきたのか、そのノウハウも一挙大公開させていただきます。

30歳という年齢のわりには、まあ山あり谷あり。

かなりドラマティックな人生を歩んできたものだと自覚しています。

これまでRIEHATAをよく知らなかった人、ダンスに興味のなかった人にもおもしろがってもらいたいし、ダンサーさんやRIEHATAのファン（はたふぁむ❤）には、もっともっと毎日を豊かに過ごしてほしい。

だから、この本を作りました！

なぜ私がいつもポジティブなのか、本を読めばよくわかります。

「RIEHATAと会うと、幸せなことが起こる」という都市伝説があると聞きました（笑）。

会えなくてもこの本を読んで、みんなが元気になることを心から願っています。

CONTENTS

CHAPTER 03 運を味方につける動き方

CHAPTER 04 究極の選択をせまられたとき

CONTENTS

CHAPTER 05 ブレイクスルーは突然に

CHAPTER 06 一流との仕事で変わる景色

逆境モチベQUEEN

CHAPTER 01

天才、雑草で育つ

家ではいつも音楽が流れ
自然と歌ったり踊ったりしていた

生まれたのは、新潟県の小さな町。海と山と田んぼしかないド田舎でした。

フィリピンで歌手をしていたママは、バンドを組んで日本のあちこちを回り、旅館のステージで歌ったりしていたみたいです。新潟で私の父と出会い、お姉ちゃんとＲＩＥが生まれました。

日本語もしゃべれないのに、結婚して日本で暮らし始めたママ。私が2歳か3歳のときに両親は離婚しているので、当時の父の記憶はほぼなくて……。でも、大人になってから父に会うようになり、産まれた子どもの顔も見せに行きました。ＲＩＥの活動も応援してくれていましたが、残念ながら昨年亡くなってしまいました。

父は、もともとバリバリのロックンローラーで、スターだったらしい（笑）。でも、私が物心ついたころには、和食の料理人として自分の店を持っていたそうです。だから、私のイメージの中では「パパはロックなコックさん」！

父と別れた後、シングルマザーとして私たちを育ててくれたママ。幼少期の唯一の記憶は、「音楽」です。歌が好きなママは、家の中でも車の中でもいつも音楽をかけて歌い、私たちには「踊れ、踊れ、踊れ」って（笑）。

フィリピン人の文化でもあるのかな。誕生日やクリスマスのときなんて、友達をいっぱい呼んで、みんなで歌ったり踊ったり。すごく楽しかった！

だから、初めて踊ったときのことは覚えてないんです。気がついたら、踊ってた！

普段から家の中がディスコみたいな感じで、いつもお姉ちゃんと一緒に踊りまくってました。特に決まった振りがあったわけではなく、ただただ自由に体を動かすのが楽しかった。

今思うと、あれがＲＩＥＨＡＴＡのダンスの原点かも!?

当時よく聴いたのは、ジャネット・ジャクソン、マイケル・ジャクソン、スパイス・ガールズ、ＴＬＣなど、主に洋楽でしたね。たまにママが、松田聖子の歌や「なごり雪」のようなフォークソングを歌うこともあり、私も覚えて一緒に歌ったり。

とにかく小さいころから、自然と歌ったり踊ったりする毎日でした。

ダンススタジオのチラシに「これだ！」と運命を感じる

そういう環境で育ったので、小学校の運動会でダンスをしたり、クラスで歌の発表をしたりするときなど、何となく自分は周りより上手くできるかな〜と感じていました。走るのが速い人が「あ、足が速いかも」と思うように、「あ、ダンスや歌が得意かも」って。それで少しずつ自信を持てるようになり、小学校4年生のとき、クラスメイトたちと一緒にのど自慢大会に出たんです。憧れてたSPEEDのhiroさんの曲を歌ったら、周りから「めっちゃうまいね」とか「一番目立っていたよ」とか言われて、人前に立つことの快感を知っちゃった！（笑）ステージに立ってみんなに褒められることは、すごく興奮することなんだって、早くも気づきましたね。

当時は、モーニング娘。や安室ちゃんが流行っていた時代。それからは自分も「テレビに出たい。歌って踊れるアーティストになりたい」という明確な夢を持つようになり、ママに打ち明けたら、母子家庭で決して裕福な暮らしじゃないのに根っからのポジティブ思考だか

これが運命のチラシ（当時のもの）。本格的なビジュアルと「グローバル」という響きに惹かれました。

ら、「絶対やったほうがいいよ」と賛成してくれました。

一つ上のお姉ちゃんは、そういう夢や情熱を持っていた私とは性格が真逆だったけれど、私の夢はすごく応援してくれて、やっぱり「RIE、絶対やるべきだよ」と。しかも、二人が「RIEのために東京へ引っ越そう」と言い出したんです。当時は、神奈川も東京の一部だと思っていたから、ママの兄であるおじさんが住んでいた川崎に引っ越そうということになりました。今思い返すと、けっこう無謀な決断ですよね。お姉ちゃんは、私のために転校までしてくれて、ママも日本語がそんなに話せないのに新しい仕事を探すことになったんですから。いくらおじさんが住んでいるとはいえ、右も左もわからない土地に引っ越して……。

田舎にはダンススタジオもなかったし、先生もいなかった。だから、「東京に行けば何とかなる!」と思って、4年生のときに川崎へ引っ越しました。でも、今と違ってネットで検索すればスタジオが見つかる時代でもなかったから、1年くらいはダンスも習えず、まずは地域や学校に慣れようと必死でした。

ある日、たまたまポストにダンススタジオのチラシが入っていて、「これだ!」と運命を感じた（笑）。すぐ見学に行き、その日のうちに入会を決めました。

フィリピン人の文化は
みんな家族、会えば友達

私の人生において、ママの影響はすごく大きい！

大変な毎日だったはずなのに、いつも明るくて、とにかくポジティブ。結婚してから歌手の仕事はやめていたので、昼間は工場で簡単な作業をし、夜は内職をするなど、日本語を話せなくてもできる仕事を見つけて一日中働いていました。少し日本語が話せるようになると、英会話の先生や翻訳の仕事も始めていたと思います。

今思うと、ママのポジティブさに救われることは多かった。でも子どものころは、やっぱりママがフィリピン人ということで田舎では目立ったし、恥ずかしい思いも強くて……。授業参観のときなんか、「お母さん、日本語わかるの？」という目で見られるし、人前でハグしたりほっぺにチューしたりするから、「やめてよ〜」と反抗的になったこともありました。

ママは、全然悪くないのにね。

右がママ、左がお姉ちゃん。お互い子を連れてパシャリ。

ほかの友達のお母さんは、宿題も見てくれる。でも、うちは日本語がわからないから自分でやらなければいけない。お父さんもいないでしょ。保護者宛ての学校への提出物も、全部自分で書いて出していたから面倒くさくてね。

ただ、とにかくママが明るいので、友達も「RIEのお母さんといると楽しい」と言ってくれて、みんなにけっこう気に入られてた。外国人だというハンデを乗り越え、キャラクター勝ちしてましたね。それは、すごいと思います。

日本人って、礼儀正しく協調性があるじゃないですか。でも、ママはいつもハッピーでマイペースだから、バイブスが高まると周りがシーンとしていても「イェ〜イ」って声を出したり、「ナイス!」って叫んだり。

大人になってみると、私もママとそっくりなところがあると気づいたんですけど(笑)。初めて会った人でも、あっという間に話をして仲良くなっちゃう。フィリピン人の文化って、みんな家族、会えば友達。子どものころ、私の友達が家に遊びに来ると、ママは本当の娘や息子のようにかわいがっていました。フレンドリーすぎるくらい。すぐ「夕飯食べていく?」ってなっちゃう。それが仲良くなる秘訣なのだと、今ではすごくよくわかります。

情熱を持って努力していれば チャンスが巡ってくる

チラシがきっかけで初めてダンスを習ったのは、町田にある「グローバルダンスアカデミー」。いろいろなジャンルのダンスクラスのほか、声楽クラスやボイストレーニングのクラスもあって、チラシには「歌手を目指す人も歓迎」と書いてありました。そのころの私は、歌って踊れるアーティストを目指していたので、声楽とダンスがセットになった日曜日のクラスに通い始めました。ダンスのジャンルは、ジャズヒップホップ。いわゆる男っぽいヒップホップとはちょっと雰囲気が違い、無知ながら何となく女にはこれがいいかなと思って。

小6になったばかりのころでしたが、レッスンに出てみると年齢層が高く、最初は場違いなところに来てしまったという印象。生徒は大学生とか、20代のお姉さんばかりで、すごく上手い人が多かった。これはクラスを間違えちゃったなと思って、一時は絶望と孤独感でいっぱいでした。でも、田舎魂で「ここはがんばるしかない」と思い込み、冷たい視線を感じつつも見よう見まねでレッスンを受け始めました。

しかも、スタジオに入会したときは、ちょうど年に一度の発表会のリハ真っ最中。私は邪魔者のような存在で、「しばらく来ないでね」という空気も感じました。実際に先生から、「発表会が終わってから来てください」と言われたのに、大胆にも「私も発表会に出たいんです」って言っちゃったの。もちろん最初は断られたけど、あのときは「これで人生が決まる」とまで思いつめ、次の週も必死にお願いしたら、さすがに先生もびっくりして、勇気がある子だと思ってくれたみたい。めでたく発表会に出られることになりました。

それからは、がんばって振付を覚え、家でも一生懸命練習して、前からいた人と変わらないくらいまで溶け込めて……。とにかくクラスで一番上手い人のまねをしたりして、端っこのほうで必死に踊っていましたね。

そしたら何と本番の直前に、曲のイントロはRIEがセンターで踊ることに決まったんですよ！　初心者なのに、もうみんなびっくりしちゃって。ママとお姉ちゃんも大喜びしてくれた。情熱を持って努力していれば、こういうチャンスが巡ってくるんだってわかった瞬間でした。それはすごい自信にもなった。あのとき私の可能性を信じてくれた先生には、今でも感謝しています。

中学卒業後は進学せずにダンサーになると決意を固める

初めての発表会の後、半年くらいは歌のクラスにも出ていましたが、ダンスへの情熱が自分の中で蓄積していき、「あのクラスも受けたい、このクラスも受けたい」という気持ちが強くなってしまい、自然と歌はやめることに……。スタジオにはいろんなダンスのクラスがあり、ダボダボの服を着てキャップかぶって踊るような男勝りのミドルヒップホップ、ちょっとおしゃれなニュースクールヒップホップ、昔ながらのファンキーなロッキング、ロボットダンスに近いPOPなど、先生もカッコよくてね。ダンスをする時間がどんどん長くなり、ダンスの友達も増えて、完全にのめり込んでいきました。中1になったころには、もう先生のアシスタントみたいになってた（笑）。

中学では陸上部に入り、大会でリレーのアンカーに選ばれたりもしたけど、やっぱり自分の気持ちとしては、部活よりもっとダンスの練習がしたい！　でも、陸上部でしっかり走って体力作りができたのは、今となってはよかったと思います。

川崎では、家族にも大きな変化がありました。ママが、引っ越してから出会った人と結婚したんですよ。新しいお父さんの名字が「波多」で、ＲＩＥＨＡＴＡの名前はそこから生まれてる！　いきなり2歳上のお兄ちゃんと同じ学年のお姉ちゃんもできて、6人家族になりました。中2になるとき、きょうだい同じ中学のほうが楽しいんじゃないかという話になり、別の中学に通っていた私が転校することになりました。新しい中学では、お姉ちゃんたちが剣道部に入っていたので、私も入部して少しだけ剣道をかじったけど、そのころはもうダンス漬けの毎日だったから長くは続かなかった。

それに転校先で新しい兄や姉と何となくギクシャクするようになっちゃって、結局中3になるタイミングで元の中学に戻りました。そしたら「何で戻ってきたんだ」っていう空気を感じてしまい……。いじめられたというほどではないけど、学校ではけっこう辛いことも多かった。でも、ダンスが楽しくて夢中になっていたから、悩んでいる暇はありませんでした。

「中学を卒業したら、高校に進学しないでダンサーになる」という気持ちが、漠然とした夢から具体的な目標へと変わったのも、このころですね。

意外と堅実なやり方で一つ一つ夢を叶える

中学生のときには、ダンススタジオで知り合った同い年の友達とキッズコンテストに出たりしました。そのたびに、優勝したい、もっともっと上手くなりたいって燃える！　そういう小さな夢の積み重ねで、雪だるま式にどんどん夢が大きくなっていきました。

最初は、スタジオで一番ダンスが上手で、ずっと憧れていた子に思いきって声をかけたら、二人でチームを組めるようになった。それで一つ夢が叶うと、次はその子と大会に出て優勝したいって思うようになり、道のりは簡単ではなかったけれども関東大会で優勝することができた。さらに次は、もっと大人数でやりたいと、周りの人にも声をかけてチームを作り、みんなでイベントに出たいという夢を実現した。

一つ目標を達成したら、次の目標、次の夢って、どんどん小さいステップアップを繰り返していったら今に至るという感じです。それがＲＩＥのやり方。意外と堅実にここまで来ていると思います。

キッズコンテストで優勝したとき。

キッズコンテストの優勝を目指し、二人で活動していたころは、ホントに青春だったなあ、すごく楽しかった。私は、子どものころからかなり個性的なファッションで、「あの子ちょっと外国人っぽいね」と言われることもあって、キッズダンサーの中でも目立つ存在だったのかも。衣装が個性豊かで印象が強かったみたい。だんだん周りのダンサーから声をかけられるようになって、自信もついていきました。

今は、スタジオをレンタルしてダンスするのが普通ですが、当時はそんな発想も環境もなく、もっぱら駐車場や駅の空きスペースで、ガラスに映る自分たちを見ながら練習したりしてましたね。ヒップホップダンサーにとっては、それが当たり前の時代でした。

それまでダンススタジオで友達と出会うだけだったのが、いつの間にか路上にいるストリートダンサーの知り合いも増え、年上の人たちとも話したりダンスをまねしたり。どんどんダンサー仲間が多くなっていきました。そのころ知り合って、今でもつながっている人たちがたくさんいます。

ブラックカルチャーに憧れて自分のスタイルを見つける

ファッションが好きなのも、ママの影響が大きい。

子どものころは、姉妹おそろいの服を着たり、ユニークな重ね着をしたり、髪の毛をかわいく結んだり。いつもおしゃれな格好をさせてくれたと思います。

大好きなケミカルウォッシュのジーンズや髪飾りのシュシュ、バブリーなファッションなどは、まさにママが若いころに流行っていたものばかり。

リサイクルショップで見つけた掘り出し物の古着に新しい服を組み合わせて、自分らしく着こなすのが楽しい。自信を持って着れば、服も自分も輝くから。

ハイブランドの服は、ほとんど持っていないけれど、たまにデザインが気に入って買うこともあります。その場合、すべてハイブランドでそろえるようなことはしないで、プチプラやファストファッションの服を合わせることが多いですね。自分の中のトレンドを探り、常にいろんなコーディネートを試しています。

映画『天使にラブ・ソングを2』に出ていたローリン・ヒルにすごく憧れ、雰囲気やファッションをまねしていた時期もありました。才能があるのに自分に自信がない黒人の女の子が、最後に開花する物語。最初は、たまたまママと一緒に映画を見て好きになったんだと思うけど、それから何度も見すぎて、セリフを全部覚えてしまったくらい。私の人生とも重なる部分が多いんです。

ファッションは、まさに90年代で、ジーンズにピチピチのヘソ出しトップスを着てティンバーブーツとか、ブレイズヘアの髪型とか。ブラックカルチャーにもビビッときました。キッズダンサーなりに、自分のアンテナはそっちを向いてた。黒人の人たちって、普段から髪を編んだりしてさりげなくおしゃれで、自然体なんですよね。特別に着飾らなくても、自信に満ち溢れていてカッコいい。それが衝撃的だった……。

もちろん当時人気があったモーニング娘。みたいなキラキラしたアイドルにも、すごく刺激を受けていたけれど、カワイイ系よりズシッとした強い女性像が好きでした。自分なりにそういう雰囲気を取り入れた格好で、ダンスのコンテストに出たりしていました。

目立ちたがり屋で負けず嫌い 自分との闘いだから毎日が反省会

小さいころから、王様とか女王様とか強いものが好き。カラオケで歌うのも大好きで、4歳児のころにはすでにマイクを離さず、人に自分の歌を聴かせたいと思っていました。ひと言で言うと、目立ちたがり屋ですね。保育園で絵を描くときは人よりカラフルな色を使い、クリスマス会では主役をやりたがる子（笑）。

とにかく人前に立って、人を喜ばせることが大好き。変な顔をしてみんなを笑わせたり、歌や踊りで元気になってもらったりするのがうれしくてね。それは、今でも変わらず私の根本にあります。ダンスをするのも、服を作るのも、誰かをびっくりさせたりインパクトを与えたりしたいから。自分が一番やりたいのは、人を喜ばせる仕事。エンターテインメントもファッションも、天職だと思います。

親友のように仲良しで育ったお姉ちゃんは、野望があって自信家の私とは正反対の性格です。特に夢を追いかけるより、安定した平和な暮らしをしたいという守りのタイプ。

本当に優しいお姉ちゃんで、いつもRIEのことを応援してくれて、もう感謝しかありません。私がダンスしている横で、いつも「いいねえ」って言ってくれるのがお姉ちゃん。「RIE、すごいよ」とか「RIE、いい感じ」とか、オーバーすぎるんじゃないのっていうくらい褒めるんですよ。そんなお姉ちゃんの存在があったからこそ、自信を持つことができて、ダンスも続けてこられた。

私は、子どものころから緊張するということがなかったんです。コンテストでもなぜか冷静で、「私は大丈夫」っていう気持ちがずっとありました。緊張するより、楽しかった、興奮したという記憶が強く残っています。

ただ、どれだけ周りによかったと言われても、自分自身が納得できなかったらすごく悔しくて泣いていました。順位や他人の評価より、自分との闘いなんです。負けず嫌いすぎて、その性格が嫌になるくらい。人に負けるのは全然いいんだけど、自分に負けるのは許せない。

自分が想像していた通りに踊れなかったり、練習が足りなくて100%出しきれなかったりしたときの悔しさは、耐えられないほどです。お姉ちゃんがどんなに褒めてくれても、「ありがとう」と言いながら、心の中では「まだまだだよね」って毎日反省会を開いていました。

みんなとすぐ友達になれるのは
子ども時代の辛い経験のおかげ

小学校でも中学校でも2回転校し、もうでき上がっている輪の中にポーンと放り込まれた。それは、なかなか大変でしたよ。早くみんなに溶け込めるよう自分なりに努力して、どうやったら友達ができるか考えたけど、この学校ではついに友達ができないんじゃないかというくらい悩んだときもありました。

でも、そのまま終わらないのが私。自分で自分を追い込み、どうにか目立つ状況を作ろうと、体育祭の応援団長や学級委員に立候補したりして、めげずにやっていた気がします。しばらくたって気がつくと、自分の周りに人が集まっていた。

体を動かすのが好きで、アクティブな子どもだったから、小学生のときは男の子とよく遊びました。放課後はドッジボールをしたり、つるんで自転車であちこち行ったり。学校って、休み時間の過ごし方が男の子と女の子で違うじゃないですか。仲良くなると、私が男女の真ん中にいて、みんな一緒に遊ぼうってまとめ役を買って出たり、目立つ子のグループとおと

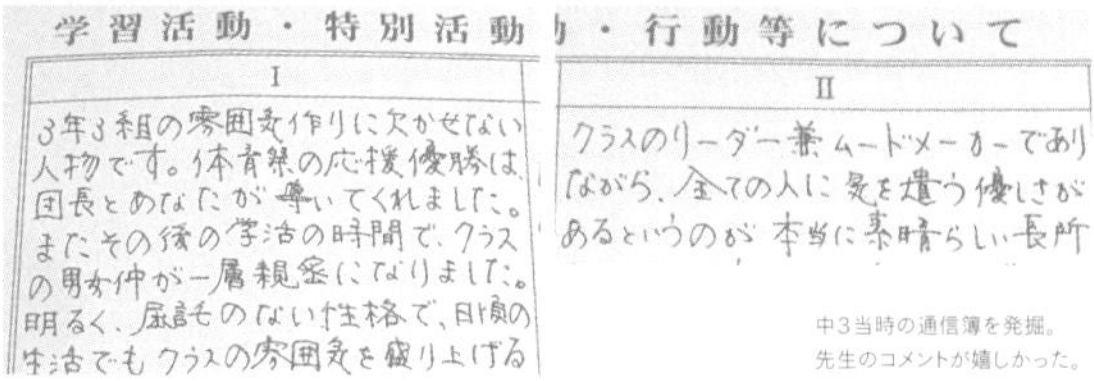
学習活動・特別活動・行動等について

I	II
3年3組の雰囲気作りに欠かせない人物です。体育祭の応援優勝は、団長とあなたが導いてくれました。またその後の学活の時間で、クラスの男女仲が一層親密になりました。明るく、屈託のない性格で、日頃の生活でもクラスの雰囲気を盛り上げる	クラスのリーダー兼ムードメーカーでありながら、全ての人に気を遣う優しさがあるというのが本当に素晴らしい長所

中3当時の通信簿を発掘。
先生のコメントが嬉しかった。

なしい子のグループを仲間にしたり。みんなが幸せだとうれしいから、自然とそういう役割を務めていました。

そのせいか通信簿には、「リーダーシップがあり、みんなを引っ張ってくれます」「男女問わず盛り上げてくれるムードメーカーです」と書かれることが多かったですね。

中3になるタイミングで元の中学に戻ったときの経験は忘れられません。1年ちょっと前まで同じクラスだった友達から、なぜか冷たくされてしまう状態が少しあって辛かった。でも、卒業する前にはみんなと元通り仲良くなって、楽しく中学生活を終えたかったので、合唱コンクールのときに「指揮者やります！」って立候補しました。しかも、当日ウケを狙おうと思って、しゃがんだ状態からいきなり大げさなポーズでバーッと指揮を始めたら、次の日に「あれ、まじヤバかったよ」って、みんなが声をかけてきてくれて。思い出すと、自分でもビビるくらい（笑）。あのころから、メンタル強かったなあ。

今は、「RIEさんって、みんなに好かれますね。すぐ友達になれますよね」と言われるけど、そういう経験をしてきたからかもしれない。だからみんなにも、もっと勇気を出してほしい。RIEも、最初からこうだったわけじゃないよって言いたいですね。

大きな夢を叶えるためには
小さな夢を積み重ねること
一つ目標を達成したら
次の目標、次の夢って
ステップアップを繰り返せば
いつか大きな夢が叶う

自分を信じてあきらめない
自分自身に満足しない
決して妥協しない
自分を天才だと思えば
それに伴う努力が
できるようになるから

CHAPTER 02

リスクを取る道を歩む

中学卒業後は不退転の決意で
ヒップホップダンスの本場LAへ

中3になると、進学しないでもっとダンスの勉強をしたいという気持ちが、日に日に強くなっていきます。それでも高校だけは卒業したほうがよいのではないかと、ギリギリまですごく悩みました。受験の願書を書いたり、面接の練習をしたり。でも、やっぱり何か違うなというのが、常に自分の中にあった。遊びたいから高校に行きたくないわけではなく、ダンスが上手くなりたい、アメリカでダンスを学びたいという気持ちが明確にあったから。

両親もそれをわかってくれて、がんばれとは言ってくれるんだけど、せめて通信制でもいいから高校には行ってほしかったみたいです。キッズダンサーとして少しくらい活躍したからといって、プロのトップダンサーになれる可能性があるとは、あのころ誰も想像すらしていなかったと思います。特にママは、アメリカへ行ってダンスが上手くなっても、その後どうするんだろうって、すごく心配だったのでしょうね。

でも、私には根拠のない自信があり、「いつか有名ダンサーやアーティストたちの隣に並ぶんだ」と自分だけは強く思っていました。テレビの中で見た憧れの人たちと、絶対同じレベルまで行くんだって。とにかく自分を信じるしかないという一心でした。そのころ中学校で習字の時間に書いた言葉は、「不退転の決意」。

さて、アメリカでダンスの修業をすると決心したものの、それからが大変。ヒップホップダンスを学ぶために西海岸のＬＡに行きたいという気持ちは固まっていたけど、具体的にどうすればいいのかわからなかった。一時は語学学校への留学も考え、いろいろ調べてみたのですが、とても払えるような費用ではなかったため、すぐにあきらめました。とにかく3カ月の観光ビザで行き、本場のダンスに触れられれば何とかなるだろうって。

我ながら、まず飛び込んじゃうタイプなんだと思います（笑）。

幸いＬＡの郊外に、フィリピン人の従兄チャーリーが住んでいました。その家にホームステイさせてもらえるならママも安心だということになり、まずは中学卒業後にしばらくバイトして資金を貯め、最初はママやお姉ちゃんと一緒に渡米。チャーリーは年がかなり上で、メキシコ人の奥さんと中学生の息子という家族構成です。ママとお姉ちゃんは、一家に私のことをお願いするとすぐに帰国してしまい、いよいよ念願のホームステイが始まりました。

ことあるごとに日記を書いて解決策を見出していく

ダンス留学というと、華やかでカッコいいイメージを抱くと思いますが、実際はシンデレラのように地味な日々が始まりました。ホームステイ先に少しでも気に入られるよう、毎日掃除や皿洗いを手伝って、一生懸命英語で会話をして。ただ、最低限の日常会話しかしゃべれないから、言いたいことを伝えられないストレスで、孤独感やイライラはつのるばかり。

しかも、チャーリーの家は、ＬＡの中心部から車で1時間以上かかる田舎町だったので、周りには何もない！　まだスマホもない時代で、情報も入ってこないから、最初はただただホームステイしているだけのような毎日でした。

それでも、私がダンスをやりたくて来ていることは知っているので、時々チャーリーが、自分の息子が通っている中学のダンス大会に連れていってくれたり、近所の高校のダンスサークルを見学しに連れ出してくれたり。とにかく見られるものは何でも見てやろうという気持ちだったから、大学のチアダンスなんかも見に行きましたね。最初の3カ月は、そんな感じであっという間に過ぎてしまいました。

ちなみに何年もたって、私がプロのダンサーとして活躍するようになってからのことです。当時見学したことのある学校から、「うちの学校に来てましたよね」と連絡をもらい、覚えていてくれたことに感激したことがあります。そんな縁で、今度は私がインストラクターとして呼ばれ、学生たちにダンスを教えたこともありました。


LAから日本へ帰ると、またバイトの日々。

約3年間、新宿歌舞伎町のモスバーガーで2～3カ月バイトしてお金を貯めてはLAに3カ月行く……という繰り返しが始まったのですが、2回目に行ったときに、同じ暮らしの中でも何かできることはないかと考え始めました。

とにかく孤独すぎて、家事の手伝いをする以外は、ほとんど部屋に引きこもっている毎日。せっかくLAまで来たのに、さすがにこのままではヤバいと思って、独学で英語の勉強を始めると同時に、日記を書くことにしました。まだＷｉＦｉもなく、ママや友達と話したくても国際電話は高すぎてかけられない。会話をする相手がいなくて寂しかったからこそ、ひたすら自分と向き合い、思いつくままに何でも書き留めるようになりました。

今となっては、ことあるごとに日記を書くことで、自ずと解決策を見出していくことができたのではないかと思います。

そのとき自分が置かれている状況を冷静に考えてみると、ダンススタジオに行きたいのに行けない、周りには何もない。だからといって、悲しんでいるだけじゃ能がない。この状況で、自分に何ができるか探してみようと、日記を書きながら頭の中がだんだん整理されていくのを感じていました。

[実際の夢ノート]

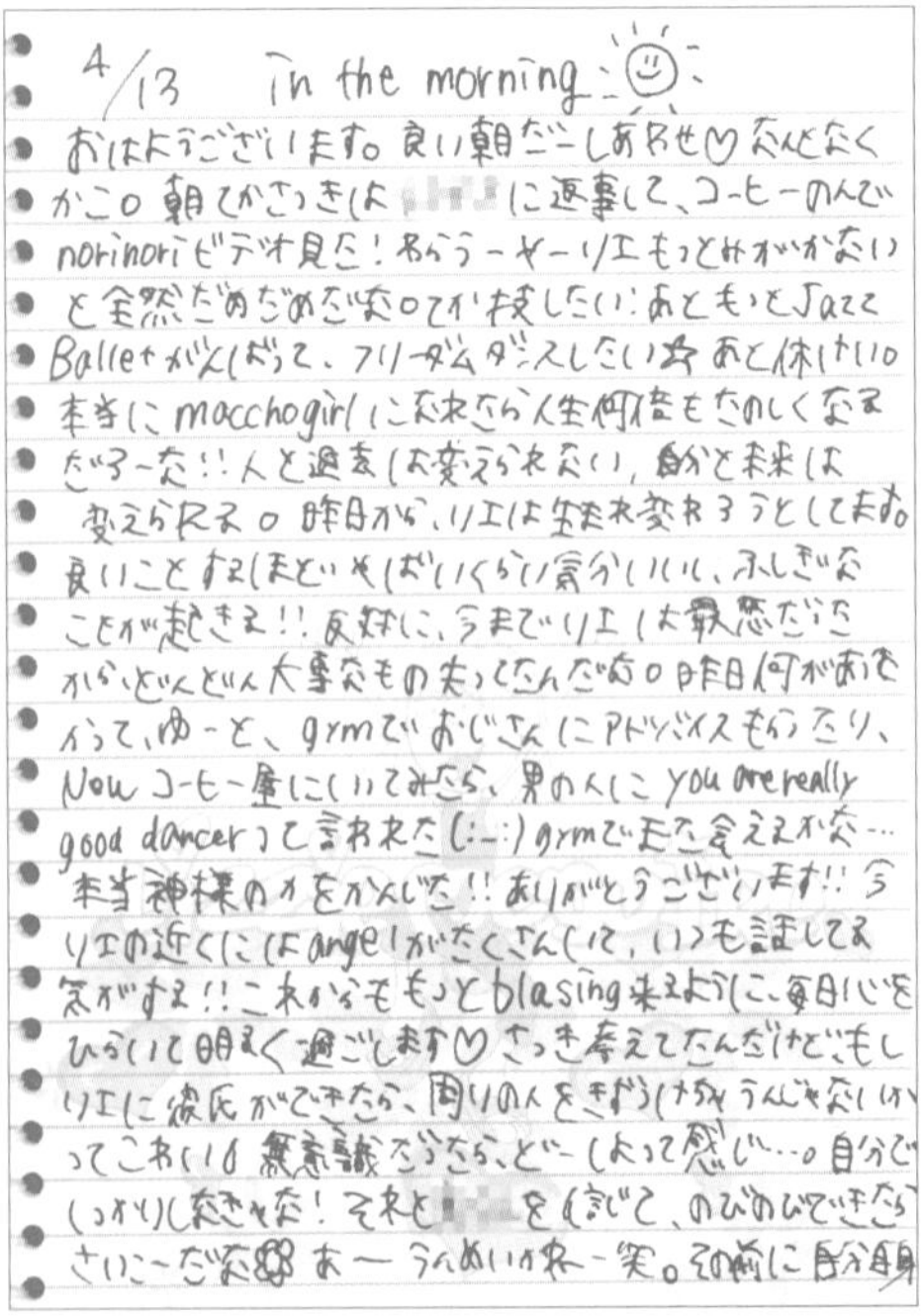
4/13 In the morning
おはようございます。良い朝だーしあわせ♡なんとなく
かこ。朝ていうかさっきは[illegible]に返事して、コーヒーのんで
norinoriビデオ見た！やっぱりエもっとがんばらない
と全然だめだめだな。でも技したい！あともっとJazzと
Balletがんばって、フリーダムダンスしたい☆あと体けい。
本当にmacchogirlになれたら人生何倍もたのしくなる
だろーな!!人と過去は変えられない、自分と未来は
変えられる。昨日から、リエは生まれ変わろうとしてます。
良いことすればいいくらい気分いいし、ふしぎな
ことが起きる!!反対に、今までリエは最悪だった
から、どんどん大事なもの失ってたんだな。昨日何があった
かってゆーと、gymでおじさんにアドバイスもらったり、
Nowコーヒー屋にいってみたら、男の人にyou are really
good dancerって言われた(:-:)gymでまた会えるかな…
本当神様の力をかんじた!!ありがとうございます!!今
リエの近くにはangelがたくさんいて、いつも話してる
気がする!!これからももっとblasing来るように、毎日心を
ひらいて明るく過ごします♡さっき考えてたんだけど、もし
リエに彼氏ができたら、周りの人をきずつけちゃうんじゃないか
ってこわい。無意識だったら、どーしようって感じ…。自分で
しっかりしなきゃな！それと[illegible]を信じて、のびのびできたら
さいこーだな✿あーうんめいけなー笑。その前に自分自身→

単身渡米当時の日記。はずかしいけど公開します(笑)。

毎日目標を書いて努力する そのルーティンが大切

ＬＡに行き始めたころ、精神的にどんどん追いつめられ、とことん考え抜いた経験は、その後の自分の土台になっていると思います。今だから、それがよくわかるのですが、当時はただ暗闇の中を突き進んでいるような心境で、何か一つでも自分にできることはないか、この状況を変えるためには何でもやってやろうと必死でした。

日記を書き始めたといっても、最初は何を書けばよいのかもわからず、無駄なことばかり書いていました。朝起きたら「おはよう、今日は眠い。でも、がんばる」とか（笑）。つまり、しゃべる相手がいないから、ノートと会話していたんです。まだ15〜16歳のころだから、思春期でぽっちゃりしていたのが気になり、「よし、美人になろう。まずはダイエット」と書く。次の日からは、朝5時に起きて走り始めました。

そもそもブラックカルチャーに憧れていて、筋肉質の女性が大好き。毎日走ることが習慣になったら、次は筋トレしたいと思うようになります。たまたま目の前にゴールドジムがあったので、チャーリーの了解も得てから自分でお金を払って入会しました。

家事の合間には、自分の部屋でも腹筋や腕立て伏せに励むようにしたら、見た目も明らかに変わり、気持ちも充実していきました。


日記の書き方も、だんだん変化していきます。「夢ノート」と名前をつけ、毎日目標を書くようにしたんです。一日の初めに、まずその日の目標を決める。最初は本当に小さなことから。「今日は、あそこまで走る」「出会った人には必ずハローと言う」「一人でスーパーに行って買い物する」というように何でもいい。

一つ一つは本当に単純なことでも、大事なのは必ずチェックをつけること。いくつ目標を達成できたかで一喜一憂するのではなく、「毎日目標を定めて、達成に向かって努力する」という習慣をつける、そのルーティンが大切なんです。

小さなことでも自分なりにチェックをつけていくのが楽しくて、達成できた項目を色鉛筆でぬったりシールをはったり。そうやって積み重ねていくことで、自信もつきました。

次は、少し大きめの1週間の目標を立てました。達成できるかどうか、ギリギリの目標。それが達成できなかったときは、なぜできなかったのかを日記に書いて、ちゃんと反省する。

そうすれば、次は達成にもっと近づける。
書き続けることによって、自分を客観的に見る訓練もできたと思います。

［実際の夢ノート］

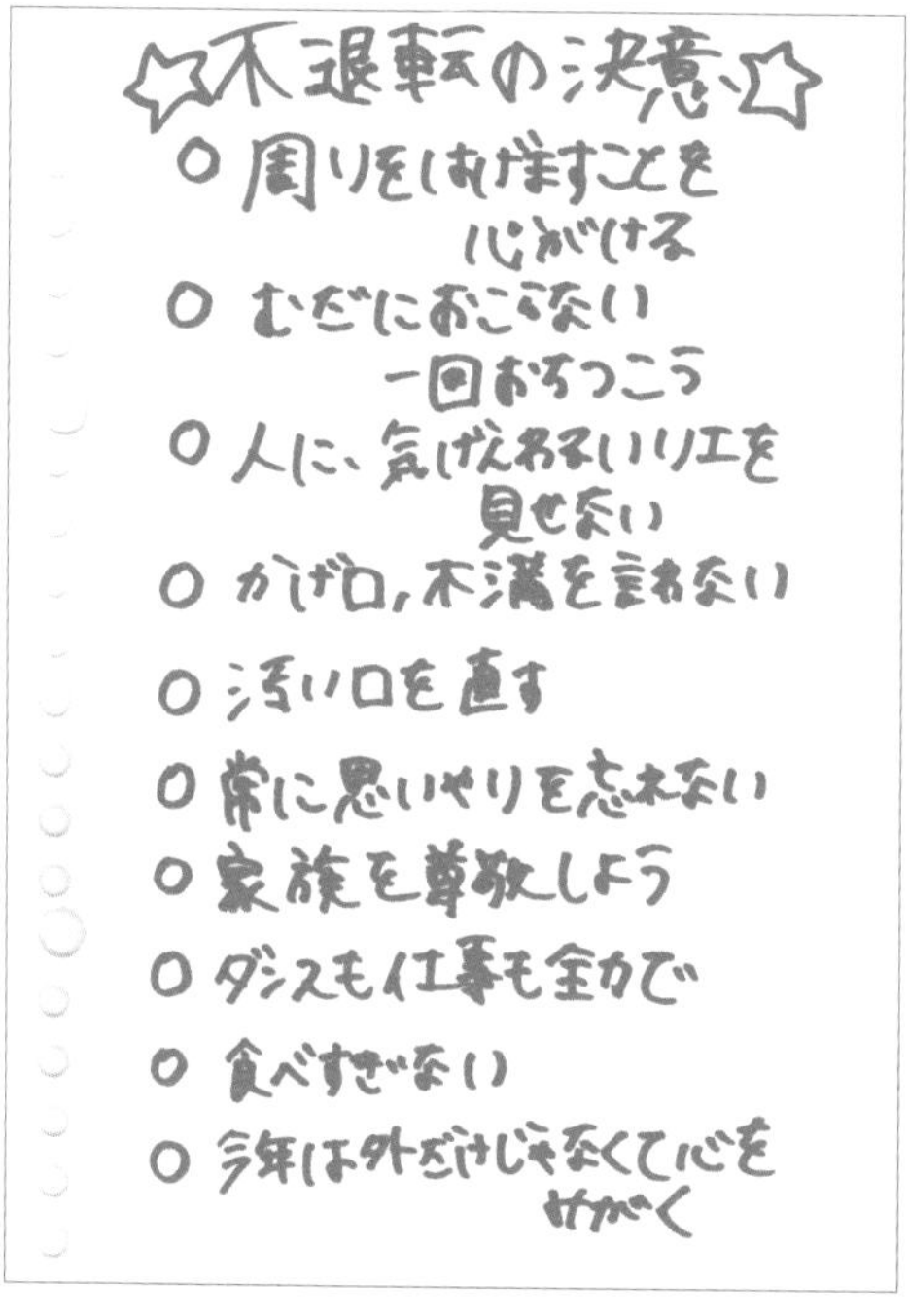

☆不退転の決意☆
○周りをはげますことを心がける
○むだにおこらない 一回おちつこう
○人に、気げんわるいリエを見せない
○かげ口、不満を言わない
○汚い口を直す
○常に思いやりを忘れない
○家族を尊敬しよう
○ダンスも仕事も全力で
○食べすぎない
○今年は外だけじゃなくて心をみがく

2006年、初めての単身渡米。10箇条のルールを自分に課した。

自分が一番下手ならば
まだまだ伸びしろがあるってこと

LAでホームステイしながら、毎日日記を書き、走ったり筋トレしたりする一方で、ダンスの自主練習も始めました。テレビで人気のダンス番組『So You Think You Can Dance』（日本での番組名は『アメリカン・ダンスアイドル』）が、私の先生です。出演しているダンサーたちが、とにかくすごかった！ そのうちの何人かは、今となっては友達だけど、当時そんなことは夢にも思えず、テレビの前で振付を覚えて必死にまねしていました。

そんな私の姿を見て、チャーリーも「RIE、すごい。何かスイッチが入ったみたいだ」と思ってくれたようです。それほどやる気があるなら……と、車で1時間以上かかるLAの中心部にあった有名な「ミレニアム・ダンス・コンプレックス」（以下、「ミレニアム」）に連れていってくれたんです。

「ミレニアム」は、一般人でも知っているくらい有名なダンススタジオ。ブリトニー・スピアーズやジャスティン・ティンバーレイク、オマリオンなどの有名人もレッスンに通っているという話だったので、チャーリーも「そこがいい」と思ってくれたようです。でも、当時の私には恐れ多く、「そんなすごいスタジオに私なんかが行ってもいいの?」と悩みましたが、とにかく1回行ってみたらとすすめられ、レッスンに参加することにしました。

初めて「ミレニアム」のレッスンに出たときは、それまでの自信が一気にバーンって吹き飛んだ感じ。自分はちっちゃくてポンコツで、もうダンスはやめたほうがいいんじゃないかと思っちゃったくらいの衝撃……。広いスタジオに、いろんな人種の人たちがひしめいていて、全員が自信満々に見える。ダンスがうまいかどうか以前に、すごいカルチャーショックだったんですね。

肌を露出して筋肉をアピールしている人もいれば、大して上手くないのに一番前で激しく踊って「イェーイ」とか「オー」とか声を出している人もいる。とにかくみんな自分自身を表現するパワーが半端じゃない。そういうの、日本人は苦手ですよね。

私は、自分が一番下手に思えて、何だか場違いなところに来てしまったなあという気がした反面、まだまだ伸びしろがあると気づき、新たな目標を見つけることができました。

弱点やコンプレックスは
わかった時点ですぐ埋める

一度くらい「ミレニアム」のレッスンに出たからって、スタジオは遠いし、レッスン代は高くて、次はいつ行けるかわからない。チャーリーにお願いできるのは、せいぜい月に1、2回だったから、普段はもっぱらテレビを見ながら自主練を続けていました。

大好きだった番組『So You Think You Can Dance』は、本当におもしろかった。どのダンサーも全ジャンルに挑戦し、社交ダンスの人がヒップホップをやったり、ストリート系のダンサーがバレエを踊ったり。みんなが得意なダンスも不得意なダンスも本気で踊って、その結果で優勝者が決まる。

それはものすごく刺激的で、私もあれくらいのレベルにならないと、この人たちには追いつけない、世界には立てないと痛感。今まで自分がやってきたヒップホップだけ踊っていても、まったく通用しないこともわかってきました。

そこでチャーリーに、バレエとジャズダンスも習いたいと相談したら、「RIEはヒップホップダンサーになりたいのに、そんな必要があるの？」って一笑に付されました。でも、「バレエもジャズダンスも絶対必要で、今習っておかないと将来壁にぶち当たるから」とめげずに説得を続け、ようやく地元のバレエスクールに通えることになったんです。

そこは、主に子どもたちがバレエを習いに来ているスクールで、ジャズダンスを教えてくれるクラスもありました。自分だけずっと年上なのに、全然バレエの基礎がなくて下手だから、ずいぶん恥ずかしい思いもしましたよ。それでも、これはやらなくてはいけないことだと自分に言い聞かせ、恥を捨ててレッスンに通っていたんです。

バレエは、ストレッチになるし姿勢もよくなるし、続けていればいいこと尽くめ。わかっていても最初はなかなか好きになれなくて、踊っていても全然楽しくないから上達するのも遅い。でも、世界的なダンサーになるためには通らなければならない道だし、続けていたら確実にダンスのスキルアップにもつながるとわかってきたら、だんだんバレエのレッスンが楽しくなりました。

3カ月ずつのLA滞在が、ちょうど3回目くらいだったと思います。そのころお姉ちゃんが高校をやめて、暇だからって訪ねてきてくれて……。一人で辛くなっていた時期に、大きな味方を得た気分でした。それからしばらくの間は、お姉ちゃんも一緒にホームステイし、私をサポートしてくれる生活が始まります。

お姉ちゃんは、いつもレッスンについてきて、ビデオを撮ったり励ましたりしてくれました。まるでマラソンの伴走者みたいに。がぜん私もやる気が出て、「よし、バレエを練習する時間をもっと増やそう」と、それからストイックすぎるくらいがんばるようになりました。

たとえばノートに「私は、バレエで◯◯という技ができるようになるまで、大好きなヒップホップを封印します」と書いて、ひたすらバレエのレッスンに打ち込む。テレビの前でやっていたダンスの自主練も、楽しいことだからってしばらく封印していた時期があるくらい。

お姉ちゃんには、「何もそこまでしなくてもいいのに（笑）」ってあきれられましたけどね。

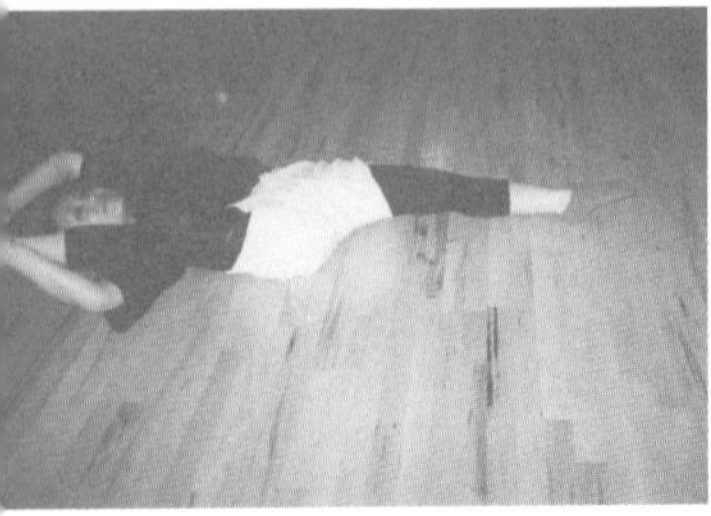

（上）バレエの集中トレーニングで体が柔らかくなってきたころ。
（下）辛い下積み時代を支えてくれた姉とはずっと大の仲良し。

過酷な日々のルーティンが唯一無二のダンススタイルを生み出す

今ダンサーとして成功しているＲＩＥＨＡＴＡを知る人は、もしかしたらアメリカにダンス留学して、とんとん拍子に何もかも上手くいったんだろうと思っているかもしれません。でも、自分で振り返って思うのは、アメリカに行ってダンスを習ったから上手くなったわけではなく、そこで毎日をどう過ごしたかが大事だったのだということ。まさに理想と現実はまったく違うと、思い知った経験でもありました。

プロのダンサーへの道のりは、想像していたより遥かに遠いと気づき、遅ればせながら16歳でクラシックバレエを習い始めたときは、スクールで先生に教えてもらったことを家でも繰り返し練習して、一つずつ自分のものにしていきました。ただ、ポーズが合っているのか確認したくても、部屋には全身を映す鏡がない！ 仕方ないので、スイッチを切ったテレビの真っ黒な画面を鏡の代わりにして、自分の姿をチェックしようとするんだけど、全然ちゃんと見えなくてひどいんですよ。

それでどうしようかと知恵を絞り、当時毎日のように行っていたゴールドジムのスタッフの方にお願いし、鏡のあるスタジオが空いているときにタダで時々使わせてもらえることになりました。そこで、とにかく徹底的にレッスンの復習をする。日記に「今週中にバレエの2回転ができるようになる」と書いたら、ひたすらそればっかり。同じことを何度も何度もやりました。野球のイチローさんが、ずっと素振りをするのと一緒ですね。

お姉ちゃんがLAにいたときは、練習しているところをビデオに撮ってもらい、部屋に戻ってから細かくチェックして、どこがおかしいか、なぜできないか、ちょっとした角度の違いなども研究して修正し、納得できるまで繰り返し復習しました。

当時の私がどれだけストイックだったか、お姉ちゃんが一番わかっていると思いますよ。「RIE、寝たまま腹筋してた。ヤバいよ～(笑)」って言われたこともあったくらいだから。

もし何の苦労もなく、毎週好きなだけ「ミレニアム」のレッスンに出られる環境だったら、ひょっとしたら私はそんなにダンスが上達しなかったかもしれないと、今になって思います。カリフォルニアの田舎にいて、レッスンに出たくてもなかなか行けなかったからこそ、自分で方法を見出し、自分なりのトレーニングを続けることができた。それが、誰にもまねできないＲＩＥＨＡＴＡのダンススタイルにつながったのだと確信しています。

何もできない状況から何ができるかを考え、マイナスをどうやってプラスにするか、一つ一つ見つけながら実現していく。逆境を力にしていたあのころの経験は、今も私を支えてくれています。

憧れていた「ミレニアム」、今では一番レベルの高いマスタークラスのゲスト講師として写真が飾られています。

小さな夢や目標を一つ一つ「夢ノート」に書き出して着実に達成

「夢ノート」と名づけた日記は、あれからずっと書き続けています。こう見えて、けっこうアナログなんです。

中学を卒業してLAに行ったころ、自分の中ではキッズダンサーとして活躍していた実績があったから、アメリカでもそこそこ通用するんじゃないかと高をくくっていました。ところが、そんなに甘くはない世界だと思い知ってからは、「自分はダンスが上手い」という考えはいったん捨て去ることに。LAにいる間は、欠点を直すことだけを考えようと頭を切り替えました。

そのために大いに役立ったのが「夢ノート」。

誰でも、有名になりたいとかお金持ちになりたいとか、漠然と夢を描くことはあるでしょう。でも、どうやって歩んでいけばよいのかわからず、夢に近づくことすらできないで、あきらめてしまう人も多いかもしれない。

私が、夢を着実に叶えるために考えた方法は、とにかく日々の目標を細かく刻んで、一つ一つ実現していくことです。

まず、自分は今、何ができていないかを考える。それを一つ一つできるようにしていくことを毎日の目標として、日記に書き出す。達成できたら次は、少し大きめの1週間の目標を立てる。1週間の目標の次は1カ月後の目標、さらに3カ月後、半年後、1年後、5年後と、どんどん夢や目標を大きくしていく。5年後の夢なんて、現時点では絶対無理だと思うことでもいいから、それを全部「夢ノート」に書き出していきます。

私の場合、毎日の目標は、日常生活の本当に小さなことから始めました。

バレエを習うようになってからは、「今日の目標は脚を1㎝でも高く上げる」、1カ月後には開脚ができるようになる、とか、そんなことも書き加えました。憧れのダンサーがいたら、まず「その人と知り合いになる」という目標を叶え、次に「その人と踊る」という目標を立てる。もちろん、ノートにも書く。さらに「一緒に踊りたい」という目標とするダンサーのレベルをどんどん上げていく。

「日本に帰ったら、バイトしなくてもいいくらい、ダンスで稼げるようになる」なんてことも、しっかり書いていましたね（笑）。

最初は、簡単に達成できる目標ばかりでもいいと思います。それを積み重ねることで、点と点がつながって線になり、どうしたら大きな目標を達成できるかがわかってくる。日々の過ごし方も変わります。

頭で考えているだけじゃダメ。全部しっかりノートに書いて、何度も念押しして頭に入れ、確固たる目標にすることが大事なんです。

［実際の夢ノート］

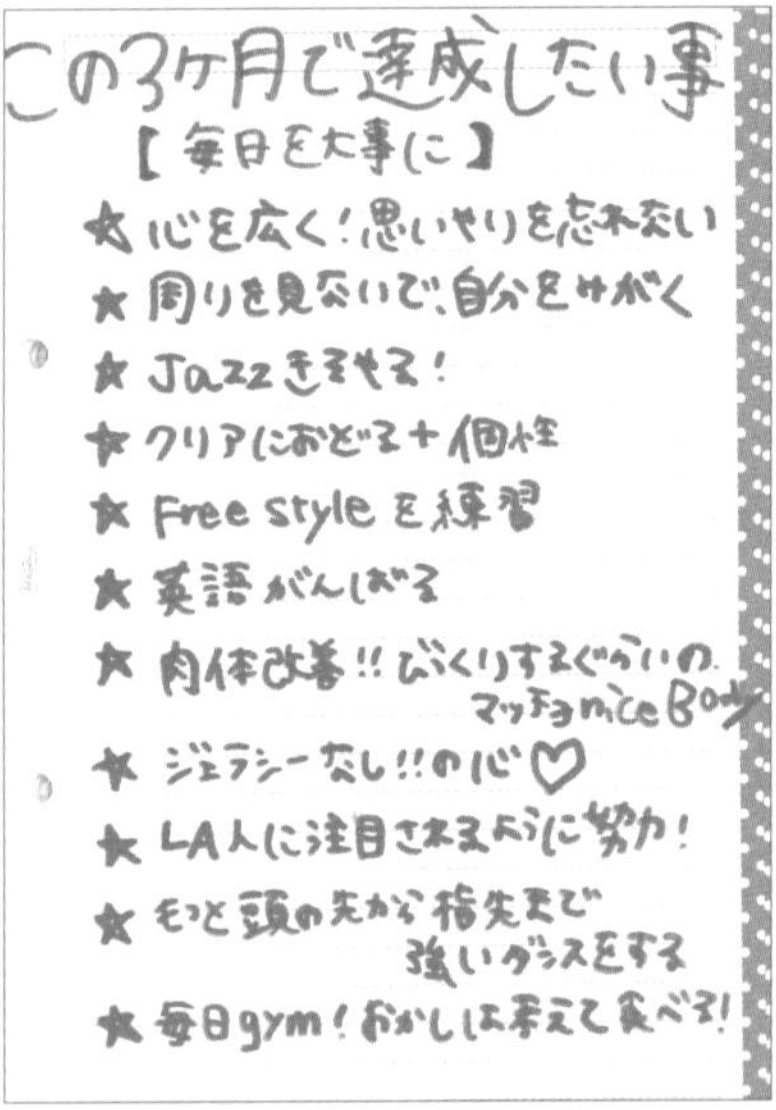
この3ケ月で達成したい事
【毎日を大事に】
★心を広く！思いやりを忘れない
★周りを見ないで、自分をみがく
★Jazzきそやる！
★クリアにおどる＋個性
★Free styleを練習
★英語がんばる
★肉体改善!! びっくりするぐらいの マッチョnice Body
★ジェラシーなし!!の心♡
★LA人に注目されるように努力！
★もっと頭の先から指先まで 強いダンスをする
★毎日gym！おかしは考えて食べる！

（上）2007年、3回目のカリフォルニア生活当時のもの。
（下）書き始めてから約15年、現在も続けている。

もう一人の自分がプロデュース 孤独が生み出したサバイブ術

ＬＡ時代を振り返ってみると、いつも自分のほかに、もう一人の自分がいるような感覚がありました。当時はそういうふうに解釈できていなかったけど、確実にもう一人の自分が自分のケツを叩いていた（笑）。

ビデオで自分が踊っている姿を見るときも、自分として見ないんです。第三者として客観的に判断し、「こういうダンサーがいたら、人気が出るかな」とか、「この人がテレビのダンス番組で優勝するためには、何が必要か」とか。そうすると、どこがダメなのか、何が足りないのかが見えてくる。

夢の話にも通じますが、有名になりたい、テレビに出たいと思うなら、ダンスのスキルだけでなく、コミュニケーション力や表現力も必要だってわかります。そのため、自分に「あなたは、もうスターなんだ」と言い聞かせ、人に会ったときにはオーラを放つように挨拶したり、どうしたら周りの人に気に入られるか考えたりする。

そんなふうに自己プロデュースしていくと、レッスン以外の場でもやるべきことはたくさんあるとわかります。

ぼーっと過ごしていると、ＬＡでの３カ月なんてあっという間に過ぎてしまい、時間がもったいない。だから、思いついたことを次々と毎日の生活に積極的に取り入れていたら、そのうち顔つきも変わってきました。我ながら整形したんじゃないかって思うくらい(笑)。人って、モチベーションやライフスタイルを変えるだけで、こんなに変われるんだと本当に驚きました。

自分のやり方が間違っていないとわかると、それをバイブルとして、どんどんアップデートしていけばいいんだとわかった。今でもそのままずっとアップデートし続けているという感じです。それが、ＲＩＥＨＡＴＡ流の夢の叶え方。

本を読んで参考にしたわけでも、人から言われたわけでもない。いわば孤独が生み出したサバイブ術ですね。ホームステイ先では、リビングでチャーリーたちが大声で言い合っていても、何を言っているのかさっぱりわからない。テレビをつけても、ほとんど意味を理解できない。あまりに孤独すぎたから、神経がとぎ澄まされ、頭もさえたのかもしれない。

徹底的に自分と向き合っていたら、もう一人の自分が、「自力でアクションを起こさないとダメだ」と教えてくれた。人から与えられるのを待って、受け身になっているだけでは、挑戦しようという気持ちにならなかったでしょうね。

もちろん自分の力だけで、ここまで来られたわけではないけれど、一番大切なのは自分で考え、自分で決断し、自分で生み出すことなんだと確信しています。

モスの思い出。辞めるときにバイトの先輩たちがアルバムをプレゼントしてくれた。

何もできない状況から

何ができるかを考え

マイナスをどうやって

プラスにしていくか

逆境を力にした経験が

今の自分を支えている

楽しいことと辛いことの分かれ道では
私はいつも辛いほうを選ぶ
楽なほう、楽しいほうがいい人も
世の中にはいっぱいいると思うけど
その分楽しさは限られた大きさでしかない
辛いこと、大変なことを選んだ先には
無限の楽しさが広がっている

CHAPTER 03

運を味方につける動き方

バイトも将来の自分のために
ダンスの夢を追いながら社会勉強

18歳の終わりくらいまで、日本でバイトしてお金を貯めては、LAへ行って3カ月のダンス修業をするというダンス漬けの生活を続けていました。

新宿歌舞伎町のモスバーガーで働いていたのは、約3年間。近くのクラブでダンスのイベントがあれば参加したり、当時ストリートダンサーの聖地だった西新宿の安田火災ビル（現在は、損保ジャパン本社ビル）にダンスの練習に行ったり。何かと便利な場所だったから、バイトも長く続いたのだと思います。

17歳になったころには、LAでの修業が成果を発揮し、日本でも活躍の場が増えてきました。私の憧れの先輩で、ダンサーとしてすでに有名だったSAYAと、SAYA&RIEというチームを組んで活動をスタート。時々イベントのゲストダンサーやキッズコンテストの審査員に呼ばれる仕事も入り、路上でダンスを教えるようになったものの、まだまだ収入は全然少なくて、モスのほか下北沢のアパレルショップでもバイトを始めました。日本に進出する前のH&MやFOREVER21を扱っていた最先端のセレクトショップです。ここで約2年間働かせてもらった経験は、今の仕事にもつながっています。

最初はもっと稼ぎたいという目的でしたが、どうせなら自分のためになる仕事をしたいと思い、もともとファッションも接客も好きだったから選んだバイトです。次第にモスのバイトは減り、毎日アパレルショップで働くようになりました。

出勤すると私服でお店に立つので、朝起きたら眠くてもコーディネートを考え、アクセサリーも合わせて、お化粧もちゃんとする。その習慣を毎日続けることによって、ずいぶん鍛えられたと思います。店頭でお客様に似合う服を選んであげるには、瞬時の判断が必要とされる。それも、将来に生かされるいい訓練になりました。

現在スタイリストをしたり、ａｔｍｏｓとコラボしてデザインの仕事をしたりできるのも、あのときの経験があったからこそ。今振り返ると、本当にバイトしてよかったですね。ダンスの夢を追いながらも、同時にファッションの仕事を身近で学べたし、社会勉強もできて自分のスキルアップにつながりました。

そのアパレルショップでは、私が店頭にいるとよく服が売れるって喜ばれました。年配のお客様にも気に入られ、店長からは社員になってもっと働いてほしいとまで言われたけど、ダンスのための資金稼ぎで始めた仕事だから、ある程度お金が貯まったらＬＡへ。

すごく理解のある店長で、いつも「ダンスがんばって」と言ってくれて、日本に戻ってきたらまた働かせてもらって。「いつでも帰ってきていいよ」という言葉が、本当にありがたかった……。そうはいっても、社員にはなれないのだから、いつまでも甘えているわけにもいかない。プロのダンサーになるためには、もっとダンスに時間も費やしたいと思い、２年くらいバイトした後に思いきって辞めることにしました。

その瞬間、「ダンスで稼ぐしかない」と覚悟が決まった気がします。自分発信で何かできないか考え、本格的に路上レッスンを始めたんです。ワンコイン５００円のクラスで、場所は安田火災ビル。まだフェイスブックもインスタもなく、ｍｉｘｉで人を集めて生徒３人からのスタートでした。

果たして自分自身に「先生」の価値があるかどうかもわからなかったけれど、当時ＬＡ仕込みのダンスでパワーアップしていたためか、レッスンで作ったダンスの動画を

2008年3月、新宿の安田火災ビルでの路上レッスン。初めてYouTubeに動画をアップした。

YouTubeにあげたら、だんだん注目されるようになりました。路上レッスンは約2時間で、ストレッチや基礎、アイソレーションの練習などをした後、短めの楽曲に振付して踊るという内容。とにかく踊りもファッションも個性的だと話題になって参加者が増え、あっという間に30人くらい指導するようになりました。あのころは雨が降ろうと雪が降ろうと、がんばって外でレッスンしていましたね。

昔のダンサーって、タフだった。夜になるとビルをぐるりと囲むくらい大勢集まってきて、あちこちで踊っているんですよ。冬なんて寒いし、音も満足に使えない。それでも、踊りたいというパワーがすごかったんです。

今コロナ禍で仕事がないとか、ダンスだけでは稼げないとか、いろいろ大変な人も多いと思うけれど、まず自分には何ができるかを考えてほしい。どんどん便利な世の中になって、あまり泥臭く努力するのはカッコ悪いと思うかもしれないけど、追いつめられたときこそ自分でもびっくりするようなアイデアが降りてくるはず。

自分発信で何か新しいことができないか、いつも考えていたいと思います。

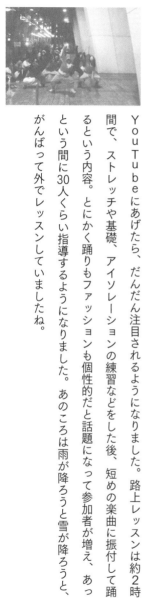

憧れの人と踊りたいという夢をどんどん叶えていく

YouTubeにアップしたレッスンのダンス動画は、いろんな人が見てくれるようになりました。まだ、YouTubeのサービスが始まったばかりのころで、使っている人も少なかったから目立ったのだと思います。ダンス界の先輩からも、「この子、誰?」というような反応が出てくるようになってきました。

すでに何回もLAに行っていたので、たぶんダンスのスキルもずいぶんアップし、雰囲気が違っていたんでしょうね。ブラックカルチャーの影響もあり、リズムの取り方やグルーヴが日本では珍しく、インパクトがあったのかもしれない。「個性的なダンスだね」って言われるようになり、一緒に踊ろうとか仕事しようとか、周りのダンサーや先輩からも声がかかるようになりました。

初めての彼氏ができたのも、そのころだったかな。彼は年上で、ずっと憧れていた人でした。ダンス界ではすでに有名人で、テレビにも出ているダンサー。「夢ノート」にも、「この人と踊りたい。いつか、つき合いたい!」って書き、会ったこともない人なのに目標にしていたんです。

そしたら、私のダンス動画を見てくれたみたいで、「君、すごいね」ってメールが来て、あっという間に一緒に踊ってユニットも組んで、ついに初めての彼氏になっちゃった! 自分が真剣にこうしたいと思って、精一杯努力を続ければ、夢は本当に叶うんだと証明された出来事でした。

憧れの人と踊りたいという夢は、常にあります。年月を経て、相手のレベルがどんどん上がっていっただけ。最初は、ダンススクールの小さいスタジオで一番上手い生徒を見つけて、その人と踊る。次は少し範囲を広げ、地元のダンサーで憧れの人。さらにダンスコンテストの優勝者。そして、ダンス界で有名な人に憧れて一緒に踊り、自分自身も置かれた環境も確実にレベルアップしていきました。そこでとどまらず、もっと上へ上へと目指した結果、アメリカで出会ったダンサーたちとも踊れた。「この人と踊りたい」という夢をどんどん叶えていったら、やがてクリス・ブラウンまでたどり着いてしまったという感じです。

世界への扉が開いても決して満足することはない

路上レッスンやYouTubeへの投稿を続け、ダンサーとして少しは認知されるようになると、いろんなダンススクールからヒップホップダンスのレッスンを頼まれるようになりました。最初はほかのインストラクターの代行として、ちょこちょこ教えに行く程度だったのですが、そのうちレギュラークラスを持つようになり、やがてスクールをかけ持ちすることに……。18歳の終わりころ、ようやくダンスで生計を立てられるようになりました。

電車を乗り継ぎ、今日は新宿→八王子→吉祥寺で教え、明日は高田馬場の後に立川でレッスンという具合に、毎日忙しくも充実した日々を過ごすようになっていきます。もちろん教えるようになっても、インプットしたくなるとLAに行って新しいダンスを仕入れ、それをまたレッスンに生かすということを繰り返していました。

そのころターニングポイントになったのは、レディー・ガガがテレビ朝日「ミュージックステーション」に出演する際に行われた、バックダンサーを選ぶためのプライベート・オーディションでした。LAに何度も行き、体もダンサーらしく引き締まって自分のダンスに自信が持てるようになっていたころで、周りからも一目置かれる存在になった時期でした。それでも、十数人限定のオーディションに呼ばれたときはびっくりしました。

オーディション会場に行ってみると、来ていたのは先輩ダンサーばかり。しかも、レディー・ガガの振付って、かなり斬新で、スキルも相当ないと踊れない。当然ヒップホップじゃないんですよ。脚を高く上げたり、クルッとターンしたり……。

そのとき、「キター―――!」と思いましたね。LAで地道にバレエとジャズダンスを練習していたのは、この日のためだったんだ。当時は「意味があるのか」と思ってやっていた基礎レッスンが、「やっと、つながった～」って感じ（笑）。

10㎝以上あるヒールで踊るから、安定感も必要とされますが、ずっと筋トレを続けていたのもこのためだったのだと、勝手に納得しました（笑）。

ヒップホップ以外のダンスを人前で披露する機会は、それまでになかったから、いったい自分の実力がどの程度なのかさっぱりわからない。それに先輩ダンサーは、大御所がそろっている。私は背も低いし、絶対選ばれないだろうと思っていたら、アメリカから来ていたレディー・ガガ専属の振付師から、「君、いいね。決定！」と最初に選ばれちゃったんです。

　ＬＡで自己流の修業やバレエをやっていた自分が報われた瞬間でしたね。私の身長を基準にもう二人、日本人ダンサーが選ばれました。それが生放送の前日で、本番の振付もすぐ覚えなければいけない。でも、ＬＡではいつもテレビを見ながらダンス番組の振付を覚える自主練をしていたから、難しい振付もすぐに覚えられました。


　私の中では、本当に衝撃的な出来事でした。世界への扉が開き、「これでスタートラインに立てた」と思ったのが、あのオーディション。

　テレビが放映された後は、日本にいるダンサーの友達や私の生徒たちも驚いたみたいです。「ＲＩＥって、アメリカへ行っている間にそんなすごいレベルに達していたんだ」って。それまでは漠然と、「いずれ日本の歌手のバックダンサーになれたらいいな」くらいに思っていたら、いきなりレディー・ガガ！　しかも、ビヨンセとコラボした有名な曲「Ｔｅｌｅｐｈｏｎｅ」でテレビ出演する機会を得たんですから。

　海外の専属ダンサーを率いるレディー・ガガが、日本人ダンサーを使うのは初めてのことでもありました。だから、受け入れてもらえるのか心配でしたが、踊りが気に入られたのか、本番では周りで本場のダンサーが激しく踊る中、レディー・ガガ本人のギターがぶつかっちゃうくらいすぐ横の目立つ位置でパフォーマンスさせてもらいました。

そのとき、「あ、いつかの経験と同じだ」と、町田のダンススタジオで初めて発表会に出て、センターに選ばれたことを思い出しました。規模がまるで違うけれど、自分を信じて踊っていれば、きっとまた同じことが起こる。ポジティブに解釈して、「世界に行けるかもしれない」という可能性を確信しました。

もちろん、レディー・ガガのバックダンサーを経験したことで、世界のすごさも実感しました。これからは、自分がまだできないことを見つけて、もっともっと練習しよう。2回転がきれいに回れるようになったら、次は3回転。3回転ができたら4回転と、永遠に課題もあります。だから、まったく満足はできなかった。逆に自分の中では、全然まだまだだと思い知ったので、一つ夢が叶ったところで調子にのることもなかったですね。

いろんなダンスに挑戦してキラッと光る自分を見つける

路上でのレッスンを始めた17歳から、「先生」と呼ばれる存在になり、いろんなスタジオへ教えに行くようになると、生徒や追っかけファンもどんどん増えていきました。まだ10代の自分は、ダンサーとして未熟なのに人を育てなければいけない。経験が浅いころは、教科書もない中でどうやってレッスンをしたらよいのかわからず、自分なりにＬＡで出会ってカッコいいと思ったダンスの雰囲気をまねしたりして、試行錯誤しながら続けていました。

基本はヒップホップダンスですが、アイソレーションができるのは私の武器。アイソレーションとは、首、肩、腰などを部位ごとに動かすトレーニングで、ジャズダンスでは絶対必要とされます。その結果、細かいニュアンスを表現するときに、キレのある動きができる。逆にしなやかさ、ぶれない軸などは、バレエで身につけました。

その上で、さらに個性を出すために、やさぐれた仕草やカッコつけた表情などを踊りに取り入れます。また、自分が小さいからこそ誰よりも大きく、人の2倍くらいに見えるような踊り方も研究してきました。そうやってストイックにいろいろ学んできたからこそ、やがてSWAGスタイルと呼ばれるRIEHATAのダンスに行き着いたのだと思います。

だから、若いダンサーたちには、「自由にいろんなジャンルのダンスに挑戦したほうがいいよ」といつも言っています。自分ではヒップホップダンスが得意と思っているかもしれないけれど、案外サルサやジャズが向いているかもしれない。

一度は全部のレッスンを受けてみて、自分が何を踊るとキラッと光るか、ドキッとするか体感してほしい。実際にやってみないとわからないことも多いから、どんどん挑戦して、もっと自分の可能性を広げてほしいと思います。私も、まだまだ挑戦したいダンスのジャンルがありますから。

レッスンを続けていく中で、生徒の一番若い子たち4人でLOL K!DZというチームを作ったのはこのころ。初心者だった彼らを最強にする約束をして結成し、全国1位を何度も取る無双のチームへと育てました。そのときのメンバーのうちKAITA、Rena、Asukaの3人は、現在もRIEHATATOKYOのメンバーとして活躍しています。

1%の可能性を信じて
いつももっとよい道を探す

いつも現状に満足できない。もっと上手く踊れるんじゃないか、もっとカッコいい振付があるんじゃないかって、常にもっと上を目指しています。レディー・ガガのバックダンサーに選ばれたときも、我ながら自分をもっと褒めてあげればいいのにって思いましたが、うれしい反面、5分後には全然ダメだって思っちゃう。いつもその繰り返しで、30歳になった今でも変わらないですね。やっぱり自分自身に対して究極の負けず嫌いというか、そういう性格なんでしょう。

子どものころは、ダンサーとしての自分に特に厳しかった気がします。でも、年を重ねて表現したい世界が広がるにつれ、振付師として作った作品、先生としての技術、自分でデザインした服やグッズなど、すべてのことに対して、自分の努力がまだ足りないのではないかと反省する日々です。技術的なことだけでなく、生活の中での時間の使い方や人との接し方、生徒やファンの方に対してできることなど、自分が発信するすべてに対して、ものすごくストイックになっています。

そんな自分の支えになっている言葉があります。

There is always a better way.

最初はママに教えてもらったのだったか、よく覚えていないのですが、発明王であるトーマス・エジソンの名言だそうです。

この言葉をモットーに、「絶対にもっとよい道がある」と、いつも考えるようにしています。挫折しても、もうダメだというときでも、「絶対に1％でも可能性があるはず」と信じて、新たな道を探すのが好き。落ち込むだけ落ち込んで、「ああ、もう本当に無理だ」ってあきらめそうになっているときでさえ、サプライズを探しておもしろがっている自分がどこかに必ずいます。

「こんなに落ち込んでネガティブになっている私が、ここから這い上がったら、周りはめっちゃビビるだろうな」とか。

人を驚かせたい、楽しませたいと思うことって、裏返せば自分が楽しみたい、いつもワクワクしたいということに行き着く。これは、エンタメ病かもしれません。ただし、自分が楽しめるようになるまでには、相当な努力が必要です。結局、簡単な道ではないんですけどね。でも、どんなに険しくても、必ずどこかに道はある。その道を探す気がない人には見えないけど、あきらめずに探し続ければ見つけられるというのが、自分の中の絶対的な法則です。ダンスに限らず、全部ですね。失恋したり、人間関係が壊れちゃったりしたとき、家族とケンカしたとき、大切な物を失ったとき。どんなときでも、絶対どこかにもっと素敵な道が待っていると信じていれば、きっと見つかるはずです。

(上) フィリピンで年の離れたいとこたちと。
(中上) アメリカで孤独と向き合って猛トレーニングしていた頃。
(中下) バレエのトレーニング、相棒はこのヘアバンドでした。
(下) アメリカのポップカルチャーに憧れて実家の部屋はいつもデコレーションしてた。

個性的なダンススタイルでブレイク
孤独だったLAが第二のホームに

レディー・ガガとの仕事以来、レベルの高い有名なダンススタジオからも声がかかるようになり、SWAGなダンススタイルが珍しいということで、どんどん仕事が増えていきます。LAのダンススタジオ「ブギーゾーン」が、日本で新たなスタジオを開いたときは、注目の若手ダンサーとして初代のインストラクターに選ばれました。

それが、19歳の終わりのころです。私のクラスはダントツで人気になり、いつも生徒がいっぱいで定員オーバーするほどでした。川崎のクラブチッタで、「ブギーゾーン」が発表会をやることになったとき、世界中から有名なダンサーが何人かゲストで来たんですよ。その人たちが私の作品やショーの盛り上げ方を見て、「何だ、これは!」っていきなりブレイク。LAにもこんなスタイルはないと評判になっちゃって、海外でも多くのダンサーから私のダンスがまねされるようになりました。

ついに本場の「ブギーゾーン」から、「アメリカでレッスンをしないか」と声がかかります。

当時日本人が一人でＬＡに行き、ヒップホップダンスのレッスンをするなんていうことはなかったので、いわゆる「逆輸入」に周りの人たちも驚いていました。

「これは人生の大きなチャンスだ」と思った私は、どうすれば自分らしいレッスンができるか、必死で考えました。当時ヒップホップの先生というと、スウェットとかラフな服装でレッスンする人が多かったのですが、私はスキニージーンズでコンバースを履き、アクセサリーをジャラジャラつけて、今にも落ちそうなニット帽をちょんとかぶって踊ってみせたら、それが衝撃だったみたいで……。

さらに持ち前のめちゃ明るい性格を生かし、レッスン中に「イェーイ」ってパーティのように盛り上げたり、生徒を褒めまくったり。また、前に立って教えるだけじゃなく、部屋中を走り回って、どんどん生徒の間に入って話しかけたりもしました。とにかくみんながハッピーになり、自由にそれぞれの個性を出せるよう、ワイワイ楽しくレッスンすることを心がけたんです。当時は厳しく指導するのが普通だったので、私の教え方は相当ユニークだったようです。そのせいかＬＡでも一気に名前が広がって、あれよあれよという間に「ミレニアム」からも声がかかりました。

そのころはまだ、定期的にＬＡでの修業を続けている真っただ中。相変わらず「ミレニアム」のレッスンにはめったに出られず、自主練が中心だったんですよ。それなのに突然、自分がレッスンをする側になっちゃって、すごいプレッシャーでした。

まだまだ修業したいから、その後も生徒として「ミレニアム」にレッスンを受けに行ったりもしましたが、大勢の前で「ＲＩＥは日本のすごいダンサーだから、お手本にしてください」と紹介されたりして、上手く踊れて当たり前と思われてしまう。自分は一人の生徒として普通に踊っていたいのに、「君のファンだよ」と言ってくれる人もいて否が応にも目立つから、がんばらないとヤバいという雰囲気になっちゃうんですね。

まあ、そのおかげでダンサーの友達も増え、一緒に練習会をして踊ったり遊びに行ったり。ダンスイベントに呼ばれる機会も多くなっていきます。孤独だったＬＡが、一気に第二のホームになりました。

初めて訪ねた国のレッスンでも参加者の心をつかんで人気に

LAでレッスンするようになると、ほかの国からもレッスンをしてほしいというオファーが来るようになりました。ダンスのおかげで、世界ってすぐつながっちゃうんですね。

初めてヨーロッパから呼ばれたのは、ノルウェーのダンススタジオ。フェイスブックを通して、1カ月レッスンしに来ないかというお誘いが来ました。最初は冗談かと思ったけど、LAのダンサー友達が、「そこはよく知っているスタジオだから、信頼して大丈夫」とアドバイスしてくれたので、思いきって行くことを決意。するとノルウェーの次は、デンマーク、スウェーデン、ドイツ、イタリア、スペインと次々仕事の依頼があり、結局1年で20カ国くらい回ることになりました。

ヨーロッパでは、そもそもヒップホップダンスを踊れる人が多くありませんでした。そのため、ある国で世界中から一流ダンサーを呼んでダンスキャンプ（1週間毎日レッスンが受けられるダンス合宿のようなもの）をすると、近隣の国からも参加者が集まってくる。それで、どんどん知り合いも増えていく。一度行って気に入られると翌年もオファーがあり、イベントや発表会のたびに呼ばれて踊ったり、大会の審査員をしたり。海外で、生徒たちのために作品を作ったこともあります。まずオーディションで生徒から数十人のメンバーを選び、短期間で彼らを育成して、私が振付した作品を仕上げて発表するという貴重な経験でした。

ヨーロッパだけでなく、シアトルやヒューストンなどLA以外のアメリカの都市やカナダからも何回も呼ばれました。アジアも、シンガポール、タイ、フィリピン、韓国、中国、インドなどいろいろ訪ね、20歳から21歳にかけてはほとんど海外にいた気がします。英語が上手くなかったころは、まず訪問先の国の言葉で元気よく挨拶。ファーストインプレッションで参加者の心をつかみ、集中してレッスンを楽しんでもらえるよう工夫しました。

あのころは世界のダンサー界で、私のダンススタイルやファッション、レッスンでの教え方が本当に珍しかったみたいです。自分にそれほどの価値があるとは思っていなかったのに、どの国でも「ＲＩＥみたいなダンスをする人はいない」と言われて驚きました。世界中を旅するうちに、自分でも「本当にそうなんだ」と受け入れることができて、自信を持って自分のダンススタイルを広めていこうと思えるようになりました。

ファッションは自己プロデュース力
どこで買うかより何を選ぶかが大事

ファッションについて、いろいろ聞かれる機会が増えています。「いつもどこで服を買うの?」「どうやってコーディネートを考えるの?」って。

その質問に答えるのは、すごく難しい。どこで買うかより、自分が何を選ぶかが大事。仕事先などでちょっと時間があるとお店をのぞき、行く先々で出合った物を着ているだけ。仕事で行きづまったときにも、新作やカラフルな服を見れば心が癒やされ、脳も活性化してインスピレーションがわき、新しい振付やアイデアが降りてくることもあります。

10代のころにホームステイしていたLAの田舎町には、スーパーの衣類コーナーのように信じられないほどダサい物ばかり売っている店しかなかったけど、「ここで買った服と小物で、絶対かわいくコーディネートする」って自分に課題を出し、いろいろチャレンジしては楽しんでいました。今でもリサイクルショップやダサいお店で掘り出し物を探すのは快感で、休みの日の最高の息抜きでもあります。結局は、自己プロデュース力。自分の理想像をどこまでイメージできるかが、ファッションセンスに磨きをかけるポイントです。

私の服選びの基準は、シチュエーションを考えること。あの人に会うときにこの服を着たい、あのダンスにはこの服がぴったり、今度のイベントではこんなファッションでみんなを驚かせようなどと、想像することが好き。かわいいと思う服があっても、それを着るシチュエーションや見せる人が思いつかなかったら、「必要ない」って判断します。

小さいときから、すぐに絵が思い浮かぶ子どもでした。お店でお気に入りのワンピースを見つけると、そのワンピースを着ている自分を思い描き、誰かに「かわいいね」って言ってもらうところまで想像を膨らませる。そうなったらもう、買わざるを得なくなります。お姉ちゃんに「そういう妄想したことない？」って聞いたら、「ない、ない」って（笑）。

お姉ちゃん、目は肥えているけど、まったくおしゃれに関心がない人。自分が着る服も、なかなか決められない。同じママに育てられたのに不思議ですよね。

私は、人と違う格好をしたい、カブりたくないっていう気持ちも強い。どうやって自分らしく流行を取り入れるか、むしろ流行を作るか。そういえば小学生のころから、私の服や持ち物がクラスで流行しちゃうことがよくありましたね。

追いつめられたときこそ
自分でもびっくりするような
アイデアが降りてくるはず
自分発信で何かできないか
いつも考えていたい

挫折してもダメだと思っても必ずどこかに道はあるその道を探す気がない人には見えないけれどあきらめずに探し続ければ絶対どこかにもっと素敵な道が待っている

CHAPTER 04

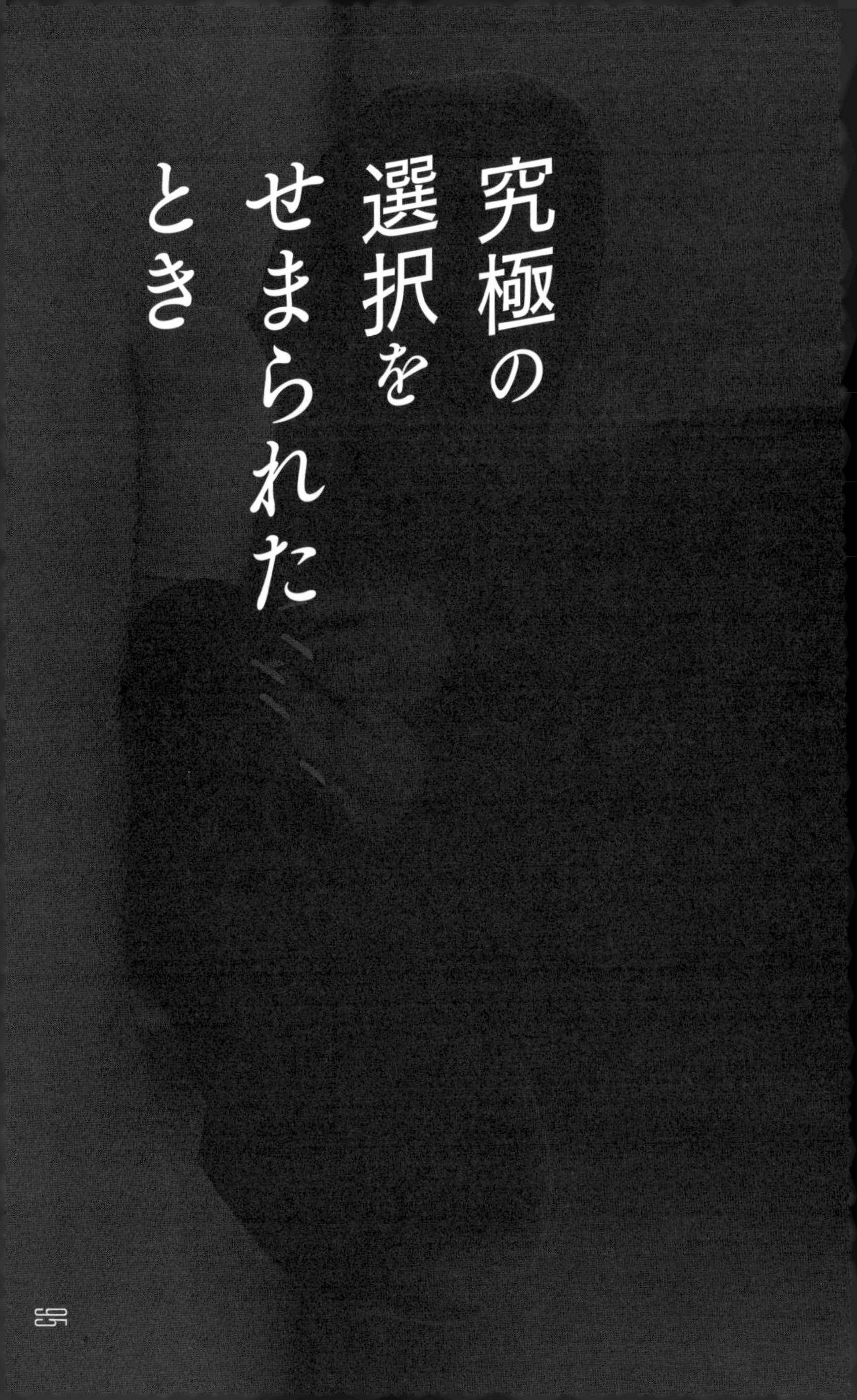

究極の選択をせまられた……とき

恋を実らせるためにも
夢を一つずつ叶えていく

元ダンナのDeeと出会ったのは、18歳のとき。日本で少しずつダンサーとして認められ、上手い人と踊ったり、仕事の声がかかったりするようになったころでした。

彼はすでに有名なダンサーで、最初は私が一方的に憧れていて、いつか一緒に踊りたいなあって思っていたら、その夢はわりと早く叶うことに。まもなく一緒に踊ったり、仕事をしたりする間柄になれたけど、実はそれから私、2年くらい片思いしてたんですよ。海外での仕事が入り、いろいろな国を転々とするようになっても、ずっと一途に彼のことを思い続けていました。

3つ年上のDeeにとって、私は「かわいい妹」みたいな感じで、なかなか恋愛対象としては見てくれず、相手にもされない。私は彼のことが好きだったので、どうやったらつき合えるか、一生懸命考えました。

彼の夢は当時、世界で活躍するダンサーになること。だから、私が先に世界で活躍すれば、きっと尊敬してもらえるだろうと思って作戦を練ったんです（笑）。

案の定、アメリカやヨーロッパでレッスンをするようになったら、Deeがびっくりしたみたいで、「おまえ、すごいな」と褒めてくれました。一人で海外に行ってレッスンをする日本人は、まだほとんどいなかったから。

それからDeeが私を見る目も、少しずつ変わっていったような気がします。

私は、もっと二人で一緒にいたかったし、彼にも海外でダンスを教える体験をしてほしかったので、ノルウェーに行くときに誘ったんですよ。私のほうが英語を話せるので、ノルウェーの人たちと交渉してRIE＆Deeとして売り込み、一緒に呼んでもらえることになりました。Deeは、私と同じSWAGスタイルと呼ばれる独特のヒップホップダンスを踊っていて、ファッションセンスもピカイチだったから、二人でいるとかなり目立ったと思います。

Deeは、私と一緒にいると自分の夢を叶えられるってすごく喜んでくれて、そのままシアトルでも一緒に仕事をすることになります。ノルウェーからシアトルに向かう飛行機の中で、Deeから告白され、2年がかりでようやく恋が実りました。

それが、人生二人目の彼氏。ここまでしないとダメかって感じですよね（笑）。

21歳で自分の夢をあきらめ家族を支えていく決心をする

Deeとつき合うようになってからは、二人でよく海外に行きました。Deeの弟Yuseiもヒップホップダンサーとして活躍していて、彼らのお母さんは、ダンススタジオを経営して息子たちを熱心にサポートしている人だったから、みんなで一緒にLAに行ったこともあります。アメリカのダンスシーンに刺激を受け、これからスタジオをさらに進化させていこうと、旅先で夢を熱く語り合って……。

ところが、その旅から先に帰ったお母さんが、急死してしまったんです。DeeとYuseiが嘆き悲しんでいる姿を見て、私は「家族になって、この人たちを支えよう」と思い、Deeと結婚する決意をしました。それが、21歳のときでした。

実は私、ちょうどビザを取得してLAに住む計画を立てていたのですが、いったん自分の夢はあきらめて、川崎にあった彼らのスタジオを一緒に守っていこうと……。STUDIO S.W.A.G.と名前を新たにし、私もそこでダンスを教え始めました。やがて長男のキングを授かり、子育てとスタジオ経営という2つの大きな使命が最優先で、自分が踊ることは二の次という暮らしに180度方向転換しました。

特に21歳で子どもを産んだことは衝撃でしたね。まだ出産後もダンスを続けている人の見本がいなかったので、一時は「もうダンスはやめなければいけないんだ」と思いつめたほど。それで、しばらくはがんばって子育てに専念しようとしたけど、「またＲＩＥのダンスが見たいから、応援しているよ」と周りの人たちから背中を押され、自分もやっぱり踊りたくなって、本気で復帰を目指すことになりました。

ところが、3日もかかった難産で体力が落ちていた上に、子どもに母乳をあげているとどんどん痩せていき、髪も抜け落ち、夜もほとんど眠れない……。あんなに筋トレをしていた私が、ダンスどころか、最初は腹筋もまったくできなくなっていた。何だか自分の体じゃなくなったみたいで、すごくショックでした。そこで、産後ヨガやストレッチ、エクササイズなどあらゆることをして体力を戻そうと努め、少しでも空いた時間があれば地道に筋トレにも励み、産後3カ月で復帰することができました。

そうしたら若かったせいか、すぐに元通りバリバリ踊れるようになっちゃった。みんなからは「子どもを産んだと思えない」って言われて、「よし!」って感じでした。

STUDIO S.W.A.G.でのレッスンを再開すると、ほかの仕事のオファーもいろいろ来るようになり、まだ赤ちゃんだった息子とともに家族3人で海外に行ってレッスンをしたこともあります。

このころ私は、すでにブログやインスタを始めていたのですが、産前産後の踊れなかった時期も投稿は続けていました。おしゃれな妊婦スタイルやかわいいベビーカー、抱っこヒモ、哺乳ビンなどの写真をあげていたら、私のファン層がママ世代に広がってうれしかった。それがまた、モチベーションを維持する大きな力になりました。


ところで、海外でのレッスンが増えたころ、最初は外国人のダンサーやスタッフから「RIE」または「RIE HATA」と呼ばれていました。でも、私のフルネームを早口で言うと、海外の人には「リアータ」と聞こえるらしく、いつの間にか「RIEHATA」が一つの名前と思われるようになり、それが私のダンサー名として定着しました。

後日談ですが、大好きなクリス・ブラウンから「RIEHATA」と呼ばれたときは、「よし、私は一生RIEHATAでいよう!」と心の中で誓ったんですよ(笑)。

初めての子どもにキングと名づけたときは、いろいろな思いを込めました。

当時Deeが「日本で一番ヤバい男性SWAGダンサー」で「KING OF SWAG」、私が「日本で一番ヤバい女性SWAGダンサー」で「QUEEN OF SWAG」と名乗り、実際に「KING OF SWAG」という男の子のチームと「QUEEN OF SWAG」という女の子のチームを立ち上げたばかりでした。そのころ妊娠したから、男が生まれたらキング、女だったらクイーンと名づけようと決めていたんです。

生まれた子が男の子だったので、キングになったのですが、若かった私たちにとって、子どもは天国からのサプライズ。せっかく私たちのところに生まれてきてくれたんだから、「ヤバい子どもに育てようぜ」という意味と「これから自分たちはさらに最強になって、子どもにも最強になってほしい」という気持ちも込め、思いきって命名しました。

RIEの本名は、カタカナで「リエ」。だから、子どもの名前もカタカナで「キング」にしました。

ダンスをあきらめる決意はしても道は絶対あるはずと信じていた

長男を出産して1年ほどたったころ、歌手のAIさんからDeeとYusei、Deeの親友でチームメイトのYOSHIKI、プラス私の4人で、全国ツアーの振付とバックダンサーをやってほしいというオファーをいただきました。国内44公演くらいをバスで回る、なかなかハードなツアーです。しかも、息子を連れて、私は母乳をあげながらの旅暮らし。私以外のメンバーは男だから、もともと体力が違うじゃないですか。それでも無理して続けていたら、ステージ上で大ケガをしてしまいました。

そもそもツアーの直前にヨーロッパでのレッスンがあり、家族3人でドイツとスウェーデンを回っていたんです。息子がドイツで1歳の誕生日を迎えたことはよく覚えていますが、そのときのレッスンでひざの捻挫をしてしまったんですね。スウェーデンの病院で診てもらったところ、たぶん靭帯が伸びたか、ねじれたかと言われたのに、日本に戻ったらまた踊れちゃったんですよ。

それで、ひざの違和感を無視し、きちんと治療もせずにAIさんのツアーに参加したので、体も弱っていたのだと思います。さらに母乳育児でエネルギーを奪われながらハードなツアーを回っていたら、ついに本番でパフォーマンスしている最中、ひざが抜けて床に倒れてしまいました。

いったんほふく前進で舞台の袖にはけましたが、次の「INDEPENDENT WOMAN」という曲は、AIさんと私が向かい合って舞台に登場する振付。みんなは「ヤバい！ 救急車だ〜」と騒いでいるのに、私は「もう1曲、絶対出なくちゃ！」とアドレナリン全開で舞台に出ていきました。その曲を踊り終えると同時に倒れ込み、お姫様抱っこで救急車へ。あの状態で踊れたのは奇跡だと、後から言われました。

診断の結果は、ひざの前十字靭帯断裂という大きなケガでした。泣く泣くツアーを途中で辞退して帰宅し、手術するために病院へ行ったところ、お医者さんから「すごいことが発覚しました、お腹に赤ちゃんがいます」って！

うれしいことではあったけど、当然ひざの手術はできなくなりました。お医者さんには「今すぐ手術しないと、あなたは一生走れないかもしれないし、踊るのは到底無理です」と言わ

れてしまって……。オリンピック選手の治療もしている大きな病院をはじめ、いろんな病院で診てもらったけど、やっぱり同じことを言われ、もう絶望しかなかった。子どもを産むか、ダンスを優先してすぐにひざの再建手術をするか、二択をせまられましたが、当然迷うことなく子どもを選びました。

そのときは、人生で一番泣きましたね。今までの努力や思い描いてきた夢をいっぱい思い出しながら。泣くだけ泣いたら、もうダンスはあきらめようと強く決意しました。その決意に至るまで、何日もかかりましたが。

それでも、「もう踊れないと言った医者をいつか絶対見返してやろう」って、自分を鼓舞するもう一人の自分がどこかにいたのも事実です。道は絶対にあるはずと強く信じて。

実の姉なんじゃないかっていうくらい大好きなAIさんと。
現在も一緒にお仕事させていただいています。

世界に日本人のダンスを見せつける再びダンスへの情熱に火がつく

いったんはダンスをあきらめて、かなり落ち込んでいた私を元気にしてくれたのは、やはりダンスでした。

ひざの大ケガでしばらく入院していたとき、私の教え子たちが私を慕ってお見舞いに来てくれて、「RIEさん、待っています」「またRIEさんと踊りたいです」って。すごく元気づけられたので、彼らのために何かできないかと思ったのがきっかけです。

2014年、ちょうどアメリカで「BodyRock」という有名なダンスの世界大会が開催される予定があり、私に出演のオファーが来たのですが、自分が踊れない代わりに振付と指導をして、「BodyRock Junior」にキッズダンサーたちを出場させようと決めました。STUDIO S.W.A.G.のオーディションでメンバーを選び、RIEHATATOKYO（RHT）と名づけたチームを結成。どんどんお腹が大きくなる中、世界で闘える作品を完成させ、キッズたちの並々ならぬ努力もあって、見事世界で準優勝。ちょうど出産時期と重なっていた私は、世界大会の会場まで行けなかったのですが、結果を知って自分のことのようにうれしく、すごく興奮しました。

私の中で消えかかっていたダンスへの情熱に、再び火をつけてくれたのが彼ら。つまらない入院生活、妊婦生活に飽き飽きしていたころ、誰かのために最高の振付をしたいというモチベーションが、もっとがんばろうと思うきっかけや新しいパッションをくれた。だから、彼らには本当に感謝しています。

RHTは、2015年も「Body Rock Junior」に出場し、「アメリカに新しい風が吹いた」と言われるくらい衝撃的な作品で、2年続けて準優勝。私は、ママになって再び「RIEHATAが戻ってきた」と海外で話題になり、さらに名前も広く知れわたりました。RHT自体も、「日本にこんなSWAGなキッズたちがいるんだ」と大きな話題に。世界でのアジア人、日本人の見られ方が変わり始めていました。

その後、RHTは何人か卒業した子もいますが、ほとんどのメンバーはずっと私についてきてくれ、今や生徒を越えて家族のような信頼関係を築き上げています。あんなに小さかったみんなが大人になり、一人一人が私にとって宝物のような存在。今や日本でトップクラスといえるハイスキルで才能隘れる個性的なプロダンサーに育っています。まだまだ子どもだった彼らを選んだ、私の見る目は間違っていなかったということですね。

（上）2014年「Body Rock junior」に初出場したとき。
（中、下）2015年「Body Rock junior」で連続準優勝を獲得。

「踊りたい」という強い気持ちでひざの手術から奇跡の復帰へ

23歳の終わりに、第2子である次男のプリンスが誕生。大変な難産で、帝王切開で産んだ後、プリンスが3日間も仮死状態だったため、一時はDeeも私も覚悟を決めたほどでした。でも、幸い奇跡的に快復し、元気に育つようになったので、さんざん悩んだ末に私はひざの再建手術を受けることにしました。元のようにバリバリにダンスをするのは無理でも、せめて自由自在に子どもたちと動き回れるようになりたいといろいろ調べまくったところ、ラッキーなことに川崎でいい病院を見つけたんです。

ひざにプラスチック製の靭帯をボルトで止める手術をすれば、術後は半年くらい歩けなくなるけど、がんばってリハビリすればまた踊れるかもしれないという望みも出てきました。やはり振付だけでは満たされないものがあり、自分も踊りたい気持ちが日に日に強まっていたところ。家族もサポートしてくれるというので、思いきって手術を受ける決心をしました。「RIEさん、ママになってケガもしたなんて大変……。かわいそう、もうダンス踊れないんだ」と思っている世間をあっと驚かせたいという反骨心もありました。

まだ母乳が出る時期に、子どもと離れて1〜2カ月入院したから、すごく辛かった。でも、病院と家が近かったので、毎日家族が子どもたちを連れてきてくれて、二人の顔を見ることもできたし、たまに病室でおっぱいをあげたりもしていました。夜中にさく乳器でしぼらなければ、胸がはって痛みで眠れないほど大変な入院生活でもありました。

手術直後はヤバいほどの激痛で、まったく動けなかったけど、母になって初めて一人でボーッとする時間を持つこともできました。そのとき、YouTubeでMVやダンスの動画をたくさん見て、やっぱり私は踊りたい、復帰したいという気持ちが強くなっていきます。それこそ大ファンだったクリス・ブラウンのMVから活力をもらって、「クリス・ブラウンと踊りたい」という無謀な夢も芽生えて。

ただ復帰するだけじゃなく、もっとすごいダンサーになりたいという想いは強くなるけれど、一人目を産んだ後に健康な体でも復帰が大変というのは身にしみていました。同じ病室には、部活でケガをしたような若い学生さんが多く、みんなは退院してからも好きなだけリハビリできるけど、私はお母さん業に時間を取られるからリハビリも十分にできないと心配ばかりして……。夢と現実が合っていなさすぎる不安だらけの入院生活を過ごしていました。

手術の後は、1～2週間の車いす生活を経て、リハビリも始まっていましたが、メニューが地道すぎるんですよ。ゆっくり立ってみましょうとか、ひざを1㎝だけ伸ばしましょうとか。手術を受けなかった1年間で、悪いほうの脚がすごく細くなっちゃっていたから、ちゃんと筋肉がついて歩けるようになるんだろうかと焦る気持ちも強かったですね。

松葉杖で何とか歩けるようになってから、ようやく退院。一人でリハビリを続けるのは大変だから誰かの力を借りたいと思い、近所のボディケアサロン「カラダファクトリー」が運営するパーソナルトレーニングジム「カラダボディマジック」に入会しました。そこでパーソナルトレーナーにアドバイスしてもらいながら、筋トレで体幹を鍛えたり、ひざの上の筋肉を強化したり。家でも子どもたちが寝た後に、がんばって筋トレを続け……。

ずいぶん時間はかかりましたが、おかげで何とか踊れるまで回復したのです。ちなみに「カラダファクトリー」は、何と今では私のスポンサーになってくれて、いつもお世話になっています。

それにしても小さい子どもを育てながらの復帰は、我ながら奇跡としか言いようがない。とにかく自分はできると信じて、日々努力し続けています。

ただ、調子にのって踊りすぎると、脚がすぐ痛くなります。ボルトが入っている部分が腫れたり、長時間座っているとひざが伸びなくなったり。ボルトを取り除く手術もできるそうですが、そうするとまた半年は踊れなくなると思うと、なかなか決心がつかない。

そんなことを人に言うと心配されるだろうし、RIEHATAはもう踊れないんじゃないかと思われるのも嫌なので、一切隠してきました。たぶん家族や友人、ファンのみんなは、私がケガしたのを忘れているんじゃないかな。それくらい普通に生活し、元通り踊れているように見えていると思うので、痛いとか右脚が不自由だとか、マイナス要素になるようなことは、普段口にしないようにしています。

自分としては、昔のようには全然踊れていないと感じています。右脚が効かないからごまかしながらやっていて、実は私の振付って全部左脚に重心がかかっているんですよ。ここで白状しちゃったから、今これを読んでいるみんなは驚いているだろうな（笑）。

お母さんになってもケガで休んでも トレンドの最先端はキープする

手術してからダンスの現場に本格復帰するまで、2年くらいはかかったと思います。必ず復帰したいという強い気持ちはあっても、その保証はどこにもない。だから、ダンス以外にも自分の情熱を傾けられることを見つけようと思って、STUDIO S.W.A.G.のスタッフと一緒にファッションブランド「Qoffee《コーヒー》 Shop」を立ち上げました。ダンサーにすすめたいグッズやアクセサリーをハンドメイドして販売する仕事で、もともと物を作るクリエイティブなことが好きなので、ファッションにかかわれたのはすごく楽しかった。自分はまだまだがんばれる場があると思えたことで、精神的にタフになり、生活が明るくなりました。

一方でキッズたちへのレッスンも、少しずつ再開していましたが、ダンサーとしての復帰はまだまだ見えない状態。私のダンスってSWAGなスタイルだから、やっぱり気持ち的にイケてないとカッコよく踊れない。ただ上手く踊れるだけじゃなく、トレンドの最先端にいないといけないから、感度が衰えたらもうダメなんですよ。

だから、車いすだろうが松葉杖だろうが、常にネットで海外のMVを見るなどいろいろリサーチもして、自分の中の音楽やファッションのトレンドをずっと探し続けていました。インスタも毎日投稿し、ケガをしている身でも#riehatachallengeという座ったまま踊るダンスを始めたら、それがダンサーの間で流行し、またトレンドを生み出すこともできました。上半身だけでもダンスを発信できたのは、うれしかったですね。

そのクリエイティブさをキープしていたからこそ、全身で踊れない間もRIEHATAについていきたいという生徒やファンがいたのだと思います。常にアンテナをはって、今どの国でどんなダンスが流行っているか、ファッションのトレンドは何か。自分で意識して維持していかないと、すぐ感度が衰え、発想力やアイデアを生み出すアンテナが鈍ったりします。ただでさえお母さんだから、新しい音楽を探しにクラブに行くこともできないし、スタジオで何時間も練習して刺激をもらうこともない。こんな状況でもイケてる自分をキープするモチベーションを保てていなかったら、表現者として完全に終わってました。

そのための努力が、この時期一番大変だったかもしれません。

追い込まれて絶対無理なときほど不思議な力がわいてくる

徐々に私が本調子を取り戻しつつあることは、次第に世界中にも知れわたり、海外でのレッスンやワークショップも再開するようになりました。一家4人でLAに行ったこともあれば、私一人で子どもたちを連れ、スーツケース3つ持ってアメリカ横断のワークショップツアーをしたこともあります。アジアでも、たくさんの国に子連れで行きました。

お母さんである以上、普段ダンスできる時間は限られているから、できるときは人の2倍がんばらないといけない。その上、ケガをしたハンデもあるから、人の4倍筋トレもしなくてはいけない。そうやっていつも自分を追い込み、常に自分のモチベーションを上げるよう闘っています。

あきらめそうになったこと、心が折れそうになったことは、何度もあります。でも、自分はまだまだがんばれるって自分に言い聞かせ、ほかの人が満足する程度のレベルでは決して満足しないようにしてきました。子どものときからそうだったけど、30歳になってその気持ちがもっと強くなっています。

人間って、追い込まれて絶対無理だというときほど、不思議な力がわいてくるもの。「絶対できる」という決意と根拠のない自信を持てば、運が味方してくれるのか、信じられないような底力を発揮できるんです。

それは、今でも変わらないですね。明らかにどう考えても無理だろうというスケジュールで振付を作っているときなど、集中すると目に見えないパワーのおかげで振付が降りてくる気がします。トップアーティストの振付を1日で作らなければいけないという、あり得ない状況に追い込まれることもありますが、それはアーティストやファンには関係ないことだから、必ず全力を尽くします。私がお母さんだろうが、忙しかろうが、最高の振付を考えなければいけないことに変わりはない。

もし1日しか時間がなくても、そこに1年分くらいのエネルギーを注ぎます。それができるかどうかは、自分自身のモチベーション次第。ここ何年か、大変な日々を過ごす中で、モチベーションの上げ方もすごく学びました。だから、もうこれ以上はがんばれない、あきらめるしかないというレベルを超えることができるようになったんだと思います。それはもう、宇宙からの贈り物としか思えませんね（笑）。

「今日の仕事は上手くいった！」と、完全燃焼して余韻に浸っていたら、次の仕事に向かうためのスイッチを切り替えられなくなる。全部大事な仕事だから、すべてに100％のエネルギーを注ぎたいと思うんです。冷静に考えたら、人間ができる容量をオーバーしているかも……というときも確かにあります。

その場合、一つ一つの仕事に全力で愛を注ぎ、「この人のために、このグループのために、今日1日はそれだけを考えてがんばろう」という思いで真剣に打ち込むと、不思議なことに次もまたいい仕事ができる。そうやって、壁をどんどん越えてきたという感じです。

30歳になってキャパがどんどん広がり、自分のエネルギーを使える範囲が一段と広がっているとと日々感じ、うれしくなります。

母子3人の生活を楽しむには ときには手抜きも必要

私の仕事って、ダンスにしろファッションにしろ、いい作品を世に届けることだから、自分がどんなに疲れていても悲しい気持ちでも、パッと切り替えなければいけないことはよくあります。そんなときは自分の気持ちを押し殺してでも、作品のためには自分がハッピーでいようと心がけてきました。

とはいえ、子どもたちもまだまだ幼い。大事な仕事のときに息子のどちらかが具合悪くなったりすると大変です。特に次男プリンスがもっと小さいころ、体が弱くて持病があったため、大切な仕事の直前に救急車で運ばれたことがありました。

そのときはさすがにすごく謝って、仕事を休ませてもらったけれど、アーティストさんにとってはこっちの状況は関係ない。申し訳ない気持ちでいっぱいになり、病院にいてもプリンスがちょっと寝たすきに、イヤホンで曲を聴いて振付を考えたりしましたが、なかなか上手く切り替えられず情緒不安定になりそうでした。
以前は、プリンスのことで保育園からしょっちゅう電話がかかってきて呼び出されたので、仕事中も気が気じゃなかった。朝は元気で登園しても、突然具合が悪くなることがあり、保育園を早退させて病院へ連れていかなければならなくなっても、仕事は容赦ありません。そんな不安だらけの時期もありましたが、家族で力を合わせて何とか乗り越え、今ではプリンスもとても元気に過ごしています。

私にとって、息子たちは一番大事な存在です。でも、ダンスももちろん大事で、一家を養っていくための仕事でもあるから、選ばなければいけない状況であっても、どちらも捨てられない。そのことが、私にとって一番大変なことですね。
シングルマザーで、ダンサーで、世界的なアーティストの振付師でもある。全部がんばらなきゃいけないという使命を感じています。

お母さん歴も、もうすぐ9年。21歳で子どもを産んで、最初は何もわからなくて全力投球して、必死におっぱいをやったり離乳食を作ったりして二人を育ててきました。でも、私が倒れてしまってはどうしようもないので、ある時期から手を抜くことも必要だと気づき、今では手抜きする日もあります。

料理は好きだから、以前はごはんもめっちゃがんばって作っていて、写真を撮ってインスタにあげたりしていましたが、最近は忙しいと適当に済ませちゃいますし、外食も全然します（笑）。長男のキングはもう9歳。レンジであっためて食べるとか、一人でできることも増えてきました。そうやって、子どもたちにも手伝ってもらいながら、毎日の生活のリズムを作ってきた感じがしますね。

彼らが協力して、私の仕事のペースに合わせてくれることもあるし、私も仕事を調整して、できるだけ学校や保育園の行事に参加するようにしているし。お互いだんだん上手くバランスが取れるようになり、日々助け合って暮らしています。本当に頼れる子に成長してくれたなあと感慨深い……。

約3年前にシングルマザーになって、最初は大変すぎて絶望しそうにもなったけど、ようやく無理せず自然体で、母子3人の生活を楽しめるようになってきたと実感しています。

お互いに感情を共有することで忙しくても親子の絆を深める

離婚した後、最初の1年は働きまくるしかなかったから、罪悪感もあったんです。何で子どもを預けてまで、私はダンスをしているんだろうって。仕事といっても自分の好きなことだから、何だか子どもたちに申し訳なさを感じていました。

仕事の現場で集中しなければいけないときに息子たちのことを考えてしまったり、逆に親子で過ごしているときに仕事の連絡が立て続けにあって気もそぞろになったり。どっちをどれだけがんばっても、至らない部分が延々とあって悩んでしまい、わりと最近までそのバランスを取るのに苦労しました。

でも、子どもたちが成長するにつれ、時間の使い方を工夫できるようになり、私が彼らのために一生懸命がんばっていればちゃんとわかってくれると思えることも増えてきました。「マミー、がんばって!」と応援してくれる二人に、私も「ありがとう! 今日は、仕事で夜遅くまで帰ってこられないけど、マミーはがんばってくるね」と、自分の気持ちをきちんと伝え、ちゃんと切り替えてから出かけられるようになりました。お互いの信頼関係が強くなってきてうれしいですね。

仕事を終えて帰宅したら、もう寝ている子どもたちを抱きしめたり、翌朝目覚めた瞬間からたくさん会話をしたり。もう状況を理解できるようになった彼らに対し、対等な目線でしっかり説明するようになってから、どんどん自分の気持ちも楽になりました。息子たちもたくましく育ち、今では親友のような関係になりつつあります。

離婚直後は、一人の母としてちゃんと稼いで子どもたちを育てていくことで頭がいっぱいでした。こうやってずっと仕事をいただけていることに、本当に感謝です。

以前は、子どもたちを連れて仕事の現場に行こうか、それとも誰かに預けるべきか、試行錯誤していた時期もあり、息子たちと相性のいいベビーシッターを探したり、実家に預けたり。でも、子守りをしてくれる人が代わっても、息子たちはいつも楽しそうだったので、大いに救われましたけどね。

今は実家の近くに引っ越し、以前よりかなり楽にはなりましたが、私のママといっても長時間預けるのは体力的に大変だろうから、ベビーシッターをお願いする際は自分の会社から給料を支払っています。

だからといって、私は仕事だけに専念できるわけではないけれど、人にお願いする時間が増える分、より愛情を注ぎ、遊べるときはとことん遊ぶ。休みの日、遊園地に行ったりすると、自分も子どもになったくらい全力で楽しむし、息子たちと鬼ごっこをすれば、ダンサーならではの機敏な動きで走り回ります。息子の友達にも、「キングのママも一緒に遊ぼう」と大人気です（笑）。「自分が元気にダンスをやっていることは、きっとプラスになっている！」と信じられる瞬間ですね。

仕事の現場に子どもたちを連れていって、本番を見せることもあります。リハの期間はすごく忙しくて、日中はほとんど家にいられなかったとしても、「マミーは、この作品を作るためにがんばっていたんだね」って子どもたちが納得してくれるから。もう「これが、お母さんの仕事だ」とわかる年齢なので、一緒にテレビでEXILEのダンスを見ているときなども、「これ、マミーが作ったんだよ」と言うと、「マミーのダンス、カッコいい！　超大変だったでしょ」とか言ってくれるんですよ。

もちろん「さみしかった」という思いを分かち合うことも大事です。「あのとき遊んであげられなくてごめんね」と言うと、「さみしかったよ」とか言ってくる。でも、そういう感情って年齢とともに出しづらくなるじゃないですか。だから、そうはならないよう、「さみしいときは言っていいんだよ」っていつも声をかけています。私も「さみしかった〜!」と大声で言うんです。

一緒に過ごせなかった時間を後悔しても仕方ないから、コミュニケーションを取ってお互いに感情を共有することを大切にしたい。そうやっていつも努力していれば、会えない時間も親子の絆を深められると思います。

子どもたちが先に寝ている姿を見て、「今日は忙しくて、寝かせることもできなかったな」と反省したり落ち込んだりすることもまだまだあります。でも、決して遊んでいたわけではなく、一生懸命誰かのために振付を考えていたのだから、ちゃんと自分を褒めてあげよう。そんなふうに葛藤しながら、少しずつ前へ進んでいます。

いつまでたっても子育ては、日々勉強ですね。

あきらめそうになったこと

心が折れそうになったことは

何度もあるけれど

自分はまだまだがんばれるって

自分に言い聞かせる

ほかの人が満足する程度の

レベルでは決して満足しない

「絶対できる」
という決意と
根拠のない自信を持てば
運が味方してくれるのか
信じられないような
底力を発揮できる

CHAPTER 05

ブレイクスルーは突然に

初めてBTSの振付をした「MIC Drop」が全米で大ヒット

RIEHATAといえばK-POPというイメージがあると思います。

最初に仕事をしたのは、2013年に女の子4人組のアイドルグループ、2NE1のCLがソロデビューしたとき。BIGBANGなどが所属するYGエンターテインメントという大きな事務所から連絡が来て、CLにダンスを教えてほしい、デビュー曲の振付もしてほしいという依頼でした。

そのころ私たちのSWAGなダンススタイルが韓国からも注目され始め、BIGBANGがSTUDIO S.W.A.G.に来て、講師からプライベートレッスンを受けたりしていました。それで、BIGBANGの女の子版と言われていた2NE1のCLも、アイドルのイメージを進化させるために私に頼んできたようです。

彼女が何回か日本に来て、プライベートレッスンをしながら、それまでのK-POPにはなかったSWAGなイメージのダンスを伝授し、韓国でMVを撮影する日にはLOLK!DZのメンバーを4人、バックダンサーとして連れていきました。そのときのダンスが評判になり、韓国でもSWAGなダンススタイルが広がっていきました。

その後、私はひざの大ケガ、次男の出産、手術としばらく現場から遠ざかってしまいましたが、2016年にBlock Bというアイドルグループのユグォンから、韓国のテレビ番組「HIT THE STAGE」への出演オファーが来ました。有名ダンサーとコラボして、芸能人同士がダンスを競う番組。それに出て優勝したことをきっかけに、韓国でRIEHATAの名前がさらに知られるようになりました。

BTSとの最初の仕事は、その翌年の「MIC Drop」という曲の振付でした。実は私、当時まだBTSのことをよく知らなかったのですが、彼らが全米デビューする曲だと聞いて、これはすごいプロジェクトになると直感。私なりに、今までのK-POPアイドルにはなかった独自のヒップホップ要素を取り入れて、アメリカをはじめ、どこの国の人が見てもカッコいいと思ってもらえる振付を考えました。

わざと従来のK-POPアイドルっぽくしない構成や見せ方で作ったところ、「MIC

Drop」は見事全米で大ヒット！　BTSが世界的に有名になったおかげで、私も「BTSの振付師」と呼ばれるようになり、それからTWICE、BoA、EXO、NCT、RedVelvetと次々仕事を頼まれて、コロナ禍になる前は月に4回くらい韓国に行ってましたね。

韓国では、アーティストのリハを12時間ぶっ通しでやることがあります。それは日本やアメリカよりずっとハードで、みんなすごく鍛えられているなあと感じるし、歌やダンスのレベルも相当高い。ある程度振付を作った後で、急に事務所から「曲を変えます」とか「サビを変えます」とか言われることもあり、その場合は現場で振りの変更をするなど柔軟に対応しますが、彼らはすぐに覚えます。私自身もめちゃめちゃ鍛えられるけど、アーティストたちも常に追い込まれているような感じがします。韓国には徴兵制もあり、よりストイックに努力する文化が身についているのかもしれませんね。

BTSは、もう6曲くらい振付しました。最初の仕事で、私を含めた7人のダンサーで振付の見本を踊って撮影した際、彼らの可能性を信じてRIEHATA流に踊ってみたのですが、完成したBTSのMVを見たら、イントロで私が即興でカッコつけてやっただけのちょっとした動きまでそっくり再現していてびっくりしました。「わあ、彼らは私のクセや仕草など、すみずみまで研究して踊っているんだ」って気づき、そのために相当な努力をしたこともわかりました。

K-POPアイドルに対してそれまで抱いていた概念が、一気に吹き飛んだ仕事でしたね。彼らがリスペクトを込めてRIEHATAの要素を全部吸収し、本気でヒップホップダンスをやろうとしていることがストレートに伝わってきた。すごいプロ意識を感じたし、これは世界で売れるだろうと確信しました。

Block B のユグォンと韓国のテレビ番組「HIT THE STAGE」に出演。

クリス・ブラウンのＭＶ出演で一気に世界が注目してくれた

クリス・ブラウンに憧れているダンサーやアーティストは、いっぱいいると思います。歌えて踊れてカッコよくて、ファッション性もあって。私にとってもずっと憧れの存在で、いつか一緒に踊りたいと夢に見ていました。

２０１５年の初めごろ、インスタにＤｅｅと一緒にクリスの曲で踊っている動画をポストし、彼のことをタグ付けしたら「いいね」ってフォローしてくれて、それだけでも感激していたんですよ。そしたらＬＡにいるときに「今ＬＡにいるんだね。明日遊びに来ない？」って本人からメッセージが来て、住所と電話番号も送られてきました。いたずらじゃないかと半信半疑で訪ねていくと、山奥に本当に豪邸があって……。

クリス・ブラウンは、もともとアニメなど日本のカルチャーが大好きで、個性的な私たちにも興味を持ってくれたみたいです。それから頻繁に連絡を取るようになり、親交を深めていきました。フィリピンまで彼のライブを見に行ったら、「オレの友達が来ています。

RIEとDeeです!!」といきなり紹介されてステージに上がり、彼と一緒に即興で数曲踊ったこともあります。その後、ほかのライブにも呼んでくれたり、プライベートでも遊んだりするようになりました。彼は、私たちのことを「ファミリーだ」と本当に気に入ってくれ、とんとん拍子すぎて怖いくらいでしたね。

翌年の冬には、「Party」という曲のMVに出演しました。ちょうど夫婦で、ワークショップのために北海道にいたところ、彼のマネージャーから「明後日MVを撮るからLAに来てくれ」ってメールが来て……。当然Deeも一緒だと思ったら、私だけだということで驚いたし、複雑な気持ちでもありました。

それにしても、あのときはドタバタでした。当時の私のマネージャーは英語ができなかったから、ミスがあってはいけないと思い、すごく神経を使いながら飛行機の手配など事前のやり取りを全部私がマネージャーのふりをしてメールで済ませて。

こんな夢のような機会に声をかけてもらったからには、私だけが経験するのももったいないと思い、RHTから4人選んで一緒に連れていくことにしました。次の日空港で集合したんですが、トラブルがいろいろあって、一時は飛行機に間に合わない子がいるかもとハラハラドキドキ。幸い奇跡が重なり、みんなで無事アメリカに到着したときには、本当にほっとしました。

ＭＶの撮影を終えて帰国すると、「ＲＩＥＨＡＴＡがクリス・ブラウンのＭＶに出た」と一気に世界中に広がって、ＳＮＳのフォロワーも急増。ハリウッド女優やモデル、ＮＢＡ選手など、ダンス界以外の人からも注目されるようになったんです。「クリス・ブラウンに一番近いアジア人」と一目置かれて、韓国での仕事が急に増えたのもこのころです。

クリス・ブラウンからは、「君には、ほかでは見たことのないエナジーを感じる」って言われます。インスタにも、「この子が今一番ヤバい。世の男の子女の子たち、もっとがんばれ！」と紹介してくれるんです。

彼には本当に感謝しています。これからも期待を裏切らないよう、私も日々進化し、一つ一つの仕事を誠心誠意がんばらなければと思っています。

3年ぶりに復活したEXILEを振付でカッコよく進化させる

EXILEの振付を初めてやらせていただいたのは、2018年。「Heads or Tails」という曲のときです。3年ぶりに復活してシングルを出すというタイミングで、今までとは全然違う新しいEXILEを見せたいと依頼がありました。それまで外部の人間が振付をすることは、なかったと思います。

三代目J SOUL BROTHERS from EXILE TRIBE（以下、三代目JSB）のNAOTOさんやELLYは昔からの友達で、ソロ活動のときに振付を頼まれたり、ダンスのコラボをしたりしていたけど、EXILEはやはりハードルが高い。歴史も伝統もある男気満載のグループなのに、こんな小柄な女の子が振付していいの？って、衝撃を受けました。

始まりは、AKIRAさんからの1本の電話です。AKIRAさんは、昔から私のダンスをリスペクトしてくれて、SNSやビデオを見てメッセージもくれたりしていたから、少しは交友関係もあったのですが、まさか仕事を頼まれるとは思ってもいませんでした。

マネージャーも介さず、直接「RIEちゃん、振付をお願いしたい」と言われたとき、「真剣にEXILEを進化させたい。RIEちゃんじゃなきゃダメなんだ」というすごい熱量を感じたので、「やります!」って即答していました。

でも、そこからがプレッシャーとの闘い。AKIRAさんからは、「久しぶりにメンバーが一堂に会し、同じ振付を練習する。だから、今まで以上の高いモチベーションが必要。RIEちゃんには、振付をしながらグループを一つにしてくれるエネルギーがある。メンタル面も含め、最適だと思ってお願いしました」とまで言ってもらっていたから。


そのころには、世界でいろんな経験も積んでいたので、私なりの戦略と自信もあって、「よし、EXILEを絶対カッコよく進化させよう」という決意で挑みました。

私は、とにかく楽しい現場にしたかった。15人全員が、本当に一つになって、自然に輝いてほしい。新しいジャンルのダンスに従来の王道EXILEスタイルを融合させて、刺激的だと思ってほしい。その気持ちはメンバーにも伝わったみたいで、「ダンスの振付をしてもらっただけじゃなく、RIEちゃんに元気をもらった」とか、「RIEちゃんに刺激されて、モチベーションが上がった」とか、多面的に評価してもらえてうれしかったです。

その後は信頼関係ができて、私のプロデュース力も買ってもらい、全国ツアーの振付をしたり、三代目JSBやGENERATIONSなどのツアーやシングルの振付をしたり。今ではLDHのほとんどのグループやソロアーティストとお仕事させていただいています。

AKIRAさんは、インスタで私のことを「世界が彼女を必要としている理由がわかる」とか「16人目の初の女性EXILE」とか書いてくれて、いつも応援してくださいます。本当にありがたいし、感謝の気持ちでいっぱいです。

2016年、AKIRAさんとの出会い。
このあとまさかEXILEの仕事をすることになるとは……。

2018年「Heads or Tails」のMV撮影時。

切り替えスイッチを使って目の前の仕事に集中する

振付の仕事で大切なのは、アーティスト一人一人、それぞれの個性を輝かせること。

正直もともとは、振付師になりたかったわけではなく、カメラの前に立つことが大好きで、自分が表で活躍したいというのが夢でした。でも、27歳くらいのとき、仕事が振付中心になっていて、「あれ？　私、振付ばかりしてる」と気づきました（笑）。それが不思議と嫌ではなく、誰かの裏方でいることが楽しいと思えるようになっていたんです。だんだん振付師の自分を受け入れられるようになってきました。

カメラの前に立つ機会も減り、撮影当日はすっぴんでベンチコートを着て、監督と一緒にモニターをチェックしている自分がいる。そんなときは、私っていつの間にかこちら側の人間になっていたんだなあと思います。

でも、自分の演出や振付でアーティストさんが輝く姿を見るのは、思いのほか幸せなことでもあり、自分にその才能があるのだと思うと、「振付師」という職業に誇りを持てます。

振付師RIEHATAとしてもがんばろうと、前向きに考えられるようになったから、今につながっています。

もちろん、ずっと振付だけやっているわけではなく、合間に海外でのワークショップをしたり、モデルとして撮影に臨むこともあったり。いろんな肩書きで仕事ができることも誇らしいです。移動の飛行機の中で、アーティストの音楽を聴いて振付を考えたかと思うと、現地に着くやいなやダンスの先生として教え、帰国したらすぐ裏方として現場に行くという怒涛の日々の中、お母さん業にもかなりの時間を費やしています。

体は一つしかないから、頭の中のスイッチを瞬時に切り替える訓練をしながら、何とか忙しい毎日をこなしてきたという感じですね。

たとえば振付一つ取っても、K-POPのトップアーティストとJ-POPのトップアーティストの新曲の仕事が、ほぼ同時期に入ってくることがあります。だからといって、似たようなニュアンスの振りになっても失礼だし、それぞれのグループの特徴を際立たせるような振付を考えなければいけない。韓国は韓国、日本は日本ならではの武器も必要です。

その場合はまず、どれだけ忙しくても同時に両方を考えないようにして、EXILEを作っているときはＥＸＩＬＥだけに集中し、次の日はＢＴＳだけに集中するというように、限られた時間、限られた場所での集中力を尋常じゃないほどまで高め、いつもベストな自分で、一つ一つの仕事の完成度を上げていくのです。

子育てと仕事との切り替えは、もっと大変でした。それこそ息子たちがまだ小さいときは、仕事に行く前に「マミー、行かないで。今日は一緒にいたい」って号泣されたり……。こっちが泣きたくなりますよ。実際、子どもと別れた後で涙が出たこともあります。

でも、私の仕事ってハッピーな気持ちじゃないとできないから、落ち込んだ状態でスタジオのドアを開けるわけにはいかない。ドアの向こうでは、アーティストさんがリハをやっていたり、ＲＨＴの子たちが待ってたりするわけで、相手にとってはこっちの都合は関係ない。だから、とにかく感情は押し殺してパッと切り替え、「おはようございま〜す」と明るく入っていく。以前は、そんな場面がたくさんありましたね。

子育てしながら仕事をしているお母さんはみんな、切り替えスイッチを持っているのかもしれません。人間って、ここぞというときは、驚くほど集中できます。

特に私の場合、アイデアを生み出さなければいけない仕事だから、1回「ポン！」って完全に気持ちを切り替えるようにしてきました。そういうとき、仕事場に行く前にカフェに立ち寄って、大好きなカフェラテを飲む。そういうちょっとしたブレイクが、自分自身をリセットしてくれます。ものすごく落ち込むことがあっても、切り替えなければいけないと思ったら切り替えられるタイプかもしれませんね。一時的に集中しなければいけないときだけ、落ち込んでいる気持ちを封印するんです。朝まで泣いてたのに、スタジオのドアを開けたとたん笑顔でダンスして、終わった瞬間にまた落ち込んだり。集中している間だけ、RIEHATAになっているんだと思います。

生きていることに感謝して その瞬間瞬間を大切にしないと損

RIEHATAという看板で仕事をしている以上、自分が疲れているとか、寝不足だとか、ケガしてたひざが痛いとか、それは一切出さないようにしています。ましてや、さっきまで子どもにおっぱいをあげていたとか、オムツを換えていたとか、そんなことはダンスに関係ないし、子どもが病気になったときでさえ、プライベートは持ち込まないのがプロのルールだと思って仕事をしてきました。そういう点でも、もしかしたら自分にストイックすぎるのかもしれません。

切り替えが苦手だという人は、この先ずっと切り替えるのは無理でも、「この1時間だけでも悩んでいることを忘れて、ほかのことに全神経を注ぐ」ということならできるのでは？その習慣を身につけて、だんだん集中する時間を長くしていけば、気持ちを切り替えるコツもつかめるはずです。

もしかしたら、落ち込んでいた気持ちを忘れたくないとか、疲れているからこの先に進めないとか思っていませんか？　でも、忘れるとか先に進むとかそういうことではないんです。そういうネガティブな気持ちは、いったん脇に置いておけばいいだけ。一時的に集中しなければいけないことって人生で何度もあるから、そのコツを早くつかんでおくとより集中力も高められると思います。

感情むき出しのほうが、いい仕事ができるという人もいるのかな。それは、人それぞれかもしれないけど、私はダメですね。

逆のパターンもあります。仕事ですごく悩んでいて、一人でじっくり考えたいのに、目の前には子どもたちがいてボールで遊ばなきゃいけない。仕方がないのでいったん仕事のことは封印し、思いきり集中力を使って子どもたちと遊びます。その時間はかけがえのないものだから大事にしたいし、自分も楽しみたい。その後でまた仕事に集中すると、意外にいいアイデアが浮かぶこともあります。すべてプラスにつながると信じたいですね。

地震が続いたりすると、また地震が起きたらどうしようとか、明日死ぬ可能性もあるとか、考えちゃったりしますよね。大げさかもしれないけど、今生きていることに感謝していれば、自然とその瞬間瞬間を大切にして、集中できるんじゃないかな。

仕事に限らず、今ここで子どもたちと鬼ごっこを楽しまないで、いつ楽しむんだって感じ。そうしたらいつの間にか、さっきまで悩んでいたことを忘れたり（笑）。

楽観的といえば楽観的、基本的にポジティブな人間なんでしょうね。

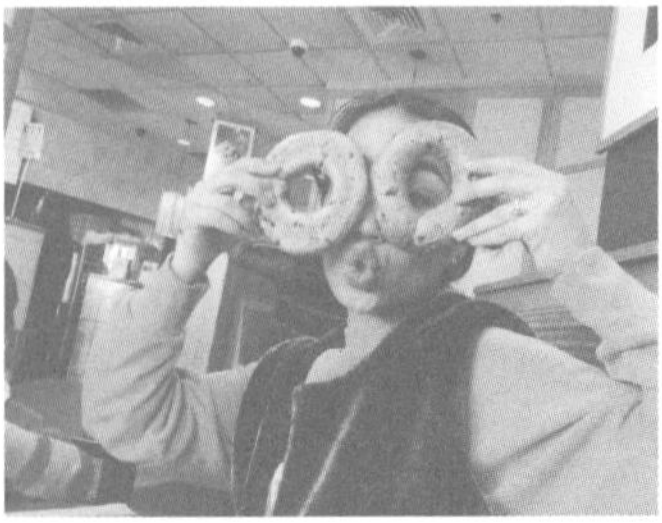

神がかりのスーパーパワーでがんばり続けて体は限界に

よくスポーツで、ゾーンに入るとか、ランナーズハイになるとか言いますが、私はそういうスーパーパワーをいつも使っている気がします。目には見えない、言葉でも説明できない、神がかりの力が働く瞬間、「こんなにすごい作品ができた」と自分でもびっくりするくらいのことが何回もありました。実は数年前にも、かかわっている仕事すべてにそのパワーを使いすぎて、燃料切れになっちゃったんです。

普段は風邪も引かないし、ちっちゃな体調不良は全然ないんだけど、あるとき突然疲れがどっと出て、救急車で運ばれるくらいの大ごとになってしまったりするのが私。そのときも、たぶん徐々に悪くなっていたのだろうと思いますが、多忙すぎて気づかなかったんですね。ある日、ママから「首どうしたの?」って言われたときには、リンパ腺がボコッと出るくらい腫れていて、甲状腺の病気にかかっていました。

大学病院では原因不明と言われ、ストレスが原因かもしれないということで、心理カウンセリングを受けたところ、「相当なストレスを抱えているから、その原因を取り除きましょう」と言われてハッとしました。いろいろ分析してもらい、「RIEさんは、すごくがんばっていますね」という先生の一言で、すごく気持ちが楽になりました。そんな単純なことなのに、誰からも言われていなかったんですよ。そのとき「え? 私、がんばっているの?」って初めて思いました。

2017年からシングルマザーとして二人の子どもを育てていて、周りから「お母さんしながらダンスやっていてすごい!」と言われることはあっても、ずっと「まだまだ、もっとがんばらなくては」と思い続けていたから。

仕事に子育ては関係ないから、容赦ないスケジュールで頼まれても、無理してでもやっちゃう。その結果、仕事をがんばりすぎて子育てがおろそかになっていないか、逆に子育てに忙しくて仕事がおろそかになっていないか、常に自分で自分を追い込んで、自分のがんばりが足りないと思って生きていました。

アーティストさんや生徒、子どもたちのためにという気持ちはずっと大事にしてきたのに、

「自分のために」というのが抜け落ちていたんですね。それからは、もっと自分と向き合って、自分を大事にしようと思うようになりました。

心理カウンセリングの先生からも、「もうちょっと自分を愛して、たまには休んでください。休むのも仕事です」と言われ、もう目からウロコ。私、休んだら犯罪くらいに思っていたから。ずっと休みなんてなくて当たり前、自分のことを追い込んで、休む資格はない、休むくらいならもっと子どもの面倒を見なくてはいけないと思っていました。ところが、「たまには仕事を休んで、子どもも置いて、自分の好きなことをすればいい。温泉にでも行ったりしてね」と言われて……。

ママに話したら、「確かにＲＩＥはがんばりすぎだから、１日マッサージにでも行ってきたら」って言ってくれました。それまで、一人でがんばって突っ走ってきたけれど、体はボロボロでもう限界だったんですね。

休むときはしっかり休み、温泉に行ったり、部屋でゆっくり映画を見たり。最近はそうやって自分のことも癒やし、疲れを溜めないようにしています。

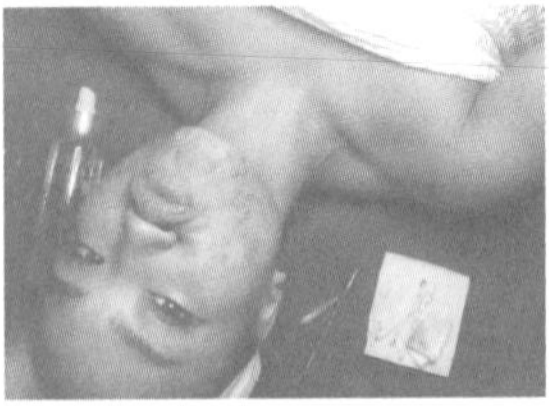

にきびがひどくて実際に韓国の病院で治療をしていたとき。

息子が体をはって教えてくれた休むことの大切さを

病気になってダウンする1年くらい前から、肌の調子も最悪でした。顔全体がニキビだらけで荒れていて、ひどいときは全身にじんましんが出るほど。マスクや厚ぬりのファンデーションで隠したりしていましたが、親しい人には気づかれて、「どうしたの?」と心配されてしまうこともありました。

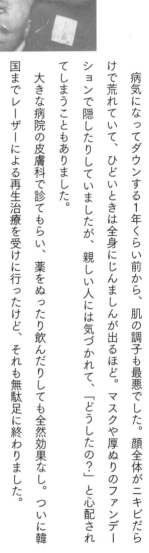

大きな病院の皮膚科で診てもらい、薬をぬったり飲んだりしても全然効果なし。ついに韓国までレーザーによる再生治療を受けに行ったけど、それも無駄足に終わりました。ところが、その肌の不調も、やっぱりストレスが原因だったんです。肌荒れが始まったころ、一時人間不信に陥ってしまうようなトラブルがあり、それを引きずったまま超多忙な生活が続いていたので、本当に心身ともに疲れ果てていたようです。

心理カウンセリングを受けた後は、体調が回復すると同時に、肌もみるみるきれいになりました。自分で言うのもナンですが、今ではヘアメイクさんからも「RIEさんの肌はきれい」とお褒めの言葉をいただくほどです。高いお金を出して治療しても意味がなかったと、今になって思います。ちゃんと休んだり、ちゃんと自分を愛したりすることが大事なんだなあと。

自分が疲れていることに気づかず、がんばりすぎてしまうのが、私のダメなところなのかも……。それに気づかせてくれたのは、ほかならぬ息子の体調の異変でした。深夜、仕事から帰宅すると、急にプリンスの具合が悪くなり、救急車で病院に行ってそのまましばらく入院したことがありました。私もやむなく仕事を休んで付き添っていたんですが、「こんなに寝たのは何年ぶりだろう」っていうくらい、病室で熟睡しちゃったんです。

そのとき、「これは私を休ませるために、プリンスが体をはって教えてくれたんだ」と思ったら、すごく泣けてきて。「マミー、がんばりすぎだから、少し休みなよ」っていう彼なりのサインだったんですね。なかなか人には話せないことだし、その気持ちを歌に残したいと思って歌詞にしたのが「Pause」。いつも「がんばろう！　Let's go！」ってポジティブなことばかり言ってきた私が、初めて「立ち止まったっていい」というメッセージを書いたものです。ラッパーのSALUくんに状況を伝え、一緒に曲を制作することができました。

やりたいことを素直にやれば忙しさが楽しくなっていく

初めてゆっくり休んで、気持ちが楽になったのが2019年の終わりごろ。私に必要だったのは、単純に休むことだったんだと気づいたものの、2020年も結果的には忙しくなってしまいました。でも、以前より自分がやりたい仕事は何なのかをじっくり考えたり、時間の使い方を工夫したりできるようになったと思います。ファッションブランドのａｔｍｏｓとコラボする仕事など、いつかやってみたいと思っていたことも実現できました。

もっと自分のやりたいことを素直にやろうと思ったら、少しずつ楽になっていった。忙しさが楽しくなっていった。忙しいのに変わりはないんですけど、不思議ですね。肌もどんどんきれいになっている気がします。

2年間くらい、夜中にパニック障害のような症状も続いていたんですが、もう大丈夫です。以前は、疲れているのに眠れなくて、やっと眠れると思った瞬間にパッと目が覚めてしまうことがよくあった。やがて過呼吸みたいになって動悸が治まらないんです。やがてハァハァハァと息苦しくなり、じっとしていられなくて、手足が意志とは関係なく動いちゃったりする。超忙しすぎて、交感神経と副交感神経を上手に切り替えられなくなっていたみたいです。休まなければいけないときに交感神経が働き、エキサイティングな状態になっちゃって起きてしまったり。

今はそんな症状も出なくなりましたが、当時は、それでかなりエネルギーを消耗してましたね。カッコいい車を走らせすぎて、途中でガソリンが足りなくなるとか、故障しているのに気づかず走り続けるとか、そんな感じだったんでしょうね。いつも新品の車が出てくるから、周りのみんなにはカッコいい車だと思われている。でも、実はガタガタ。それは、人には絶対見せたくない。いつも元気でいたい。

もうメンテナンスもバッチリなので、２０２１年は快調に滑り出しています。

 riehata

2020年は、本当に作って作って作った１年だったなあ!!
いつにもまして。
アーティスト、グループ、K-POP、J-POPの振付をしながら、
自分のチームの振付、自分が出る作品の振付、
とにかく忙しかったから1日で1作品作るペースで生きてた。w
そして普通のママなので、寝てなくても時間が足りなかったなあ😇

とにもかくにも、人のために / 誰かが輝くために
何かを生み出したいって気持ちが
私の底なしエナジーの源。出産と同じ。
辛くても作品が生まれてくれたことが死ぬほどうれしくて、
それで誰かが喜んでくれるなら、命をかけてもいい。
一つ一つの作品、降りてきたダンスが、宝物。
今までに私の振付を一度でも踊ってくれているあなたが宝物。
感謝でいっぱい。
これからも命と時間がある限り、
私のクリエイティビティとエナジーを人のために使います。
神様ありがとう🙏

2021年1月11日 @riehata のインスタより

RIE'S VOICE

限られた時間
限られた場所での集中力を
尋常じゃないほどまで高め
いつもベストな自分で
一つ一つの仕事の完成度を
上げていくのです

CHAPTER 06

一流との仕事で変わる景色

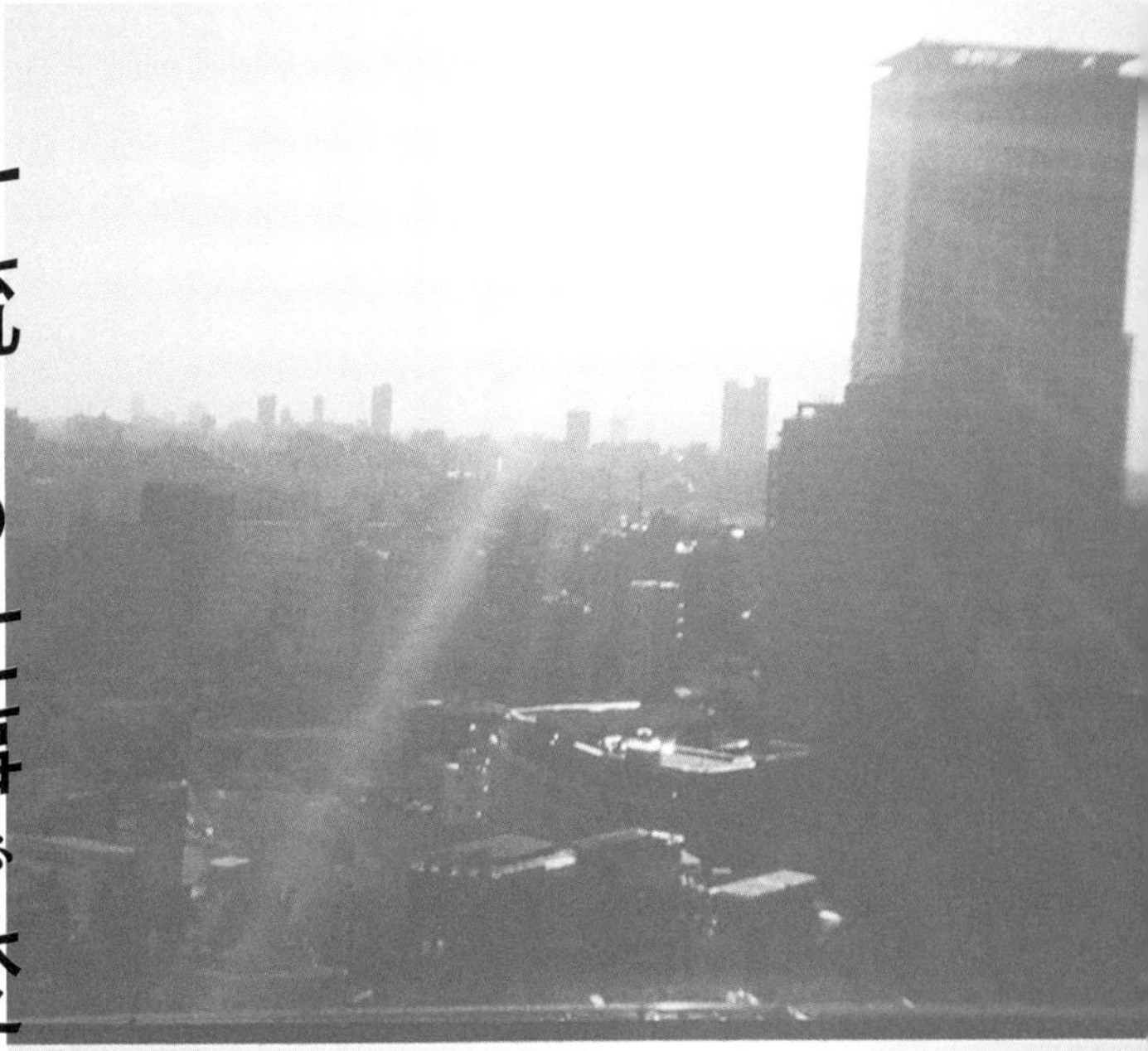

スターの共通点はいろいろある
孤独で自由で優しい人が多い

一番好きな言葉は、「上には上がいる」。

ＬＡで初めて「ミレニアム」のレッスンに出たときの気持ちをいつも忘れずに、「自分はまだまだ」と思いながら、ダンサーとしても振付師としても、もっと上に行けるように日々鍛錬を続けています。

今までいろんな世界的なスターに出会ってきましたが、共通していることはたくさんあります。

まず、第一にスターは、自由でいたい人が多い。自由でいたいからこそ、セレブになっても満足しないんです。

夢が叶ったころには、それに飽きている自分がいる。常に解放されていたいのだと思う。

第二にスターは、孤独。天才すぎて、周りからは理解されない。一般の人とは波長が合わないのでしょうね。

周りにスタッフが大勢いても、自分のペースを乱されたくないという人が多いですね。

第三に、スターは優しい。自分の力で成功してトップにいる人って、みんなとても思いやりがあります。感謝を忘れていないからだと思います。そうじゃない人は、二流だな。

きっとスターになる人は、エネルギーの使い方を心得ていて、いいことにしかエネルギーを使いたくないんでしょう。イライラしてもメリットはないし、エネルギーを消耗するから無駄なだけ。だったら、そのエネルギーを曲の制作やダンスの振付、撮影など、自分を磨くことや人を輝かせることに使うほうがいいと思うのでしょうね。

過去のスターには、優しすぎて病む人も多かったかもしれない。人がいいからこそ、やりたくない仕事もはっきり断れなかったりして、プレッシャーを抱え込んでしまう。苦しんだ挙げ句に、お酒やクスリに逃げてしまった人もいることは事実ですね。

RIEと会うと幸せになれる!? そんな都市伝説が広がっている

スターと自分を比較するのはおこがましいと思いますが、私はそういう問題にはまったく縁がないですね。クスリどころかタバコも吸ったことがないし、普段お酒も飲まない。遊びに行くこともまったくありません。お母さんだから、子どもたちと公園で遊んだりはしますけど（笑）。後はせいぜい大事なお祝い事や打ち上げのときに、少しリラックスして楽しむくらいです。

周りからは、「一体どうやって、そのぶっ飛んでいる感じとか発想力とか、元気なイケイケの感じとかをキープしているの?」って言われます。いつも人に対して、明るくポジティブに接したいと思うのは、フィリピン人のママ譲りでしょうか。

「私と会った人全員に、幸せなことが起こる」という都市伝説まであるんですよ（笑）。冗談で「歩くパワースポット」と言われたり、ダンサー仲間から「RIEさんに会って充電完了。

いいことがありますように」と拝まれたり。

私と会って、カッコよくなったとか、いいアイデアが思いついたとか、オシャレになったとか、人気が出たとか。私とかかわる人は、その後だいたい成長しているのは確かです。

私と一緒に練習した次の日に、いきなり仕事のオファーが来たと言われたこともあります。それはたまたまの出来事だったと思いますけど、もし本当に私が何らかの影響を及ぼしていて、そんなことが奇跡的に起きたのだとしたら、それはすごくうれしいことですね。

後で詳しく述べますが、自分の生徒たちが認められて、どんどんいい仕事をするようになるのは、自分のことのようにうれしいんです。よく映画なんかでは、「弟子の成功をねたんで邪魔する師匠」とかが描かれるけど、私にはその気持ちがさっぱりわからない。

出会った人は、アーティストさんでも生徒でもファンのみんなでも、絶対ハッピーになってほしいし、より豊かな人生を送ってほしい。その気持ちは、人一倍強い。それが伝わって広がっているのだとしたら、私もますますハッピーになります。

生徒に怒ってもいいことなんてない
いつも機嫌よくダンスすることが大事

私が育てたダンサーは、100%上手くなります。みんな人気が出て、カリスマ的な存在になって、ちゃんとダンスで稼いでいる。絶対そこには秘密が隠されていると思います。

多くの先生は、愛情がありすぎて束縛したり支配したりするようになる。でも、それは、先生のエゴ。私は、愛情ってもっと自由なものだと思っています。愛情を与えることは、自由を与えること。

私は先生だけど、みんなの人生では一人一人が主人公で、私は脇役でしかない。たまにそばにいるだけの私の意見を気にして生きるのは、もったいないですよ。みんながやりたいことをやったほうがいいし、誰かほかの先生に習いたかったら習えばいい。外国に行きたかったら行けばいい。極端な話、ダンスをやめたかったらやめてもいいんです。だけど、みんな私を選んで、ずっとついてきてくれます。

何をやっても、本人の自由。私はただ、「出会ったからには応援するよ」とだけ、いつも言っています。

子どものころ、人を集めて先生ごっこをするのが好きだったんです。だから、先生になりたいという夢を持ったこともありました。たぶん人を指導するのが好きなんですね。年月を経て、子どもを産んでお母さんにもなって、若いころよりどんどん広く柔軟な心で、自分のことを信じてくれる生徒に向き合えるようになったと思います。

自分の師匠と呼べる人は、いろんなところにいますが、あまり教え方に影響を受けた先生は多くはいないですね。やっぱり競争と嫉妬の世界だから。

私が先生として考える一番のゴールは、ダンスが上手くなることより、それぞれに何が自分の武器なのか、個性は何なのか、どんな輝きを放っているのか、自分自身で見つけること。彼らが見つける手助けをするのが私の仕事だと思っているので、自分が望むままにコントロールしたいとは思わないんですね。

息子たちに対しても、同じような気持ちです。子育ての経験が、生徒を育てるのに役立っているかもしれない。子どもを産んで気づいたのは、みんな平等だということ。相手は赤ちゃんで、私はお母さんだけど、親が偉いというわけではない。赤ちゃんだろうが5歳児だろうが、尊敬すべき人間だと思い、いつも対等な立場で「今どう思った?」って彼らの意見を聞き、尊重するようにしています。息子が「マミーが悪い!」って怒っているときも、ちゃんと理由を聞いて、納得できたら謝ります。

そうやって常に相手を尊重することで、お互いの信頼関係も生まれていく。それは、子どもから学んだことで、生徒一人一人も尊重するように心がけています。

先生だから偉いとか、師匠だから意見を押しつけるとかではなく、みんなの人生にたまにアドバイスしてあげられるお姉さんのような存在でいたいですね。

教え子には、無償の愛を注ぎたい。私が持っている秘訣やダンスのコツは、包み隠さず教えます。自分が修業して得た必殺技を惜しまず与えることで、RIEHATA familyがいっぱい増えるならおもしろいじゃないですか。

彼らがいい仕事をしたときは手放しでうれしいし、自分に仕事の依頼が来て、スケジュールが合わないときは代わりに行ってもらいます。その見返りは求めない。もともと実力があるから、まかせられるわけだし、むしろ感謝。そういう思いはいつも伝えて、できるだけ褒めるようにしています。

生徒に怒ることはないですね。怒ってもいいことなんてない。ほかの職業だったら、怒らなければいけないこともいっぱいあるかもしれない。でも、ダンスって機嫌がよくないと上手くできない。がむしゃらにやればいいというものでもなく、気分に左右される部分が大きい。だから、できるだけみんながいい気分で練習したり、自分の気持ちに正直に踊れるように教えたい。もちろん、真剣な雰囲気になることはありますけど、私が頑固になってみんなが壁を作ってしまい、思うように踊れなくなることは絶対避けたいですね。

私自身、怒られた瞬間にその日の気分が落ちてしまい、踊りのキレも悪くなるので。それは、一番ダメなこと。ダンサーには、いつも機嫌よくいてほしいんです。

怒るというか、叱るべきときはあります。そういう場合は、どうしたらわかってくれるか最高の方法を考えますね。生徒たちを甘やかしすぎと言われることも過去にはあったんですけど、怒らなくても教えられる方法が絶対あると思っています。

それは、自分の背中を見せること。言葉で語るのではなく、自分が見本を示せばいい。先生が真摯に取り組んでいれば、何も言わなくても生徒たちは、「自分はあのとき間違っていた」と勝手に反省してくれる。それが、大きな成長につながります。

ＲＩＥＨＡＴＡＴＯＫＹＯのみんなの成長は自分の活躍よりもうれしい

２０１４年、私がひざの大ケガや妊娠のために踊れなかったとき、振付師として世界大会を目指してプロデュースしたのがＲＩＥＨＡＴＡＴＯＫＹＯ（ＲＨＴ）。オーディションで選んだメンバーは、本当に逸材がそろっていて、彼らには突出した個性や才能を感じます。２年続けて「Ｂｏｄｙ Ｒｏｃｋ Ｊｕｎｉｏｒ」で準優勝した後は、世界に名前が知れわたり、シンガポールや中国からオファーが来てショーをしたり、逆輸入で日本のイベントにゲスト出演したり。当初私は、裏方に徹するつもりだったのですが、みんなにサプライズしたいと思い、２０１６年に大阪のクラブでのイベントにゲストとして呼ばれたとき、ケガから復帰していた私も「みんなと出るよ」と言って初めて一緒に出演したんです。

そのときのメンバーが、現在も残っています。当時は彼らもまだまだ子どもだったから、「ヤバい。ＲＩＥさんとチームメイトになった」とか、「同じステージに立つ夢が叶った」とか口々に言ってくれて、モチベーションが一気に上がったようでした。

それを機に彼らの中でプロ意識が高まり、どんどんレベルも上がっていったと思いますね。その後、RHTに来る仕事は、私も一緒に出演するようになり、K-POPのライブやMV撮影、クリス・ブラウンのMV撮影にも彼らを連れていきました。私を含めたRHTとして自然と認知されるようになって、今に至っています。

ずっと長く一緒にいるから、実の息子たちのほかに、息子と娘が11人いるみたいな感じです。子育てと同じで、自分が活躍するより、RHTのみんなが成長することが一番の喜び。みんなは「RIEさんに育ててもらった」って言ってくれるけど、私からしたらみんなに助けられたり、パッションをもらったりすることが多く、感謝は尽きません。彼らのプロデュースやサポートをしてきたことは誇りであり、ほかの仕事にも生きています。

今後、同じ情熱を持ってダンスや音楽を愛し、RIEHATAのメソッドを伝授してほしいという人たちを育て、世界中にRHTのメンバーを増やしていけたらいいなと考えています。

人を熱くさせる私のDNAを引き継ぐRHTの個性的なダンサーたち

RHTについて語りたいことは、まだまだたくさんあります。

最初にオーディションしたときは、ダンスが上手いか下手かより、ダンスに対して熱意がある子、好きで好きでたまらないという気持ちが伝わってくる子を選びました。スキルは、後からついてくる。私が教えればいいと。

小中学生が対象だったから、思春期も迎えるし、いろいろあるじゃないですか。もしかしたらほかの趣味に夢中になってダンスをやめるかもしれないとか、反抗期もあるかもしれないとか。まるでお母さんのような目で見極めながら、直感で「この子は、きっとあきらめずにがんばるだろう」という可能性がある子を選びました。それは見事に当たりましたね。

今のメンバーは全員、日本のトップダンサーと言っても間違いない。Dリーガーに名を連ね、「avex ロイヤルブラッツ」としてDリーグにも出場しているくらいですから。

ダンスが上手くなるコツや世界に行くためのメソッドは教えたけど、どんなダンサーになりたいかは、彼ら次第。それぞれの個性は尊重して、私は大まかなモチベーションの保ち方やプロになるためのストイックな努力の仕方を教えただけなので、後は自由にそれぞれの夢に向かってがんばっていってほしいと思います。

みんな全然踊り方が違うんですよ。一緒にいるとRHTのカラーですごいファミリー感があるのに、一人一人を見るとみんな違うダンスで、ファッションもそれぞれ個性的。共通しているのは、どんどん美的に磨かれていて、男女問わずみんなカッコいいし、オシャレでかわいい。根本的に人を惹きつけて楽しませる、熱い気持ちにさせるダンスは、私のDNAを引き継いでくれていると思います。

みんなにとって、私はどういう存在なんだろう。担任の先生なのか、母親なのか、お姉さんなのか。思春期もずっと一緒にいたから、親と同じくらいの時間をともに過ごしてきました。それぞれ伸び悩む時期もあったし、ケガをしたりブランクがあったり。逆に上手くいきすぎて調子にのったり、若さゆえにいきがったり。そうかと思うと、突然自信をなくしたり。人間として当たり前の感情、悩み、挫折が、11人もいたらバラバラにやってくるから、そこは注意して目を離さないようにしてきました。今この子は自信がなさそうだからフォローが必要だけど、この子は放っておいても駆け抜けていきそうだなとか。

表に感情を出さない子もいるから、レッスンの帰り道に「最近どう？ 悩んでいることはない？」と個人的に声をかけて、アドバイスするというより、「私は、こうだったよ」と自然に会話したり、「今日はダンスやめて、遊びに行こうよ、買い物でもしようよ」と一緒に楽しんだり。それぞれに違う対応をしていたこともあります。それは、自分がやりたくてやってきたことだから、全然苦じゃなかった。余計なお世話と思われることもあったかもしれませんが（笑）。

もちろんファミリーとして歩んでいきたかったから、わざとみんなの前で「この子は今、すごくいい調子だから褒めてあげよう」とか、「彼女は自信なさそうだから、もっと褒めよう」とか。いつもオープンにシェアするようにして。何だか褒めてばっかりですよね、私。

彼らに対し、人として大事なことを徹底的に語ることもありますが、なるべく一方的な押しつけにならないよう、みんなで分かち合うことを大切にしてきました。

キッズから育てることは、彼らの親ともつき合っていくことだと思い、そこも怠らずにしっ

RHTのメンバーが20代になった今、活動の幅はどんどん拡大している。

かりコミュニケーション。子どものころは、レッスンの送り迎えも必要だし、金銭的にも親の応援あってのダンスですから。

子どもに入れ込みすぎちゃう親、心配しすぎる親もいますが、それも愛情。お父さん、お母さんたちには、いつも「みんながんばっているので、お子さんを信じて安心してください。サポートお願いします」って。ダンスより学校を優先したほうがいいんじゃないかと心配していた親は、きっといっぱいいたと思いますが、長いつき合いになるともう10年以上。ずっと支えてきてもらってありがたいです。

最初にレッスンを始めたころは、私もまだ17歳だったから、いろいろ未熟でした。自分がダンサーとして第一線で活躍したいと思いながら、先生として教えることを始めたので、自分のために使いたい時間を生徒のために使わなければいけないという配分がなかなか難しく、日々葛藤しながらやってきました。

今も完璧ではないけれど、こうやって長く先生を続けてこられたのは、私についてきてくれた生徒たちのおかげです。彼らの夢は、これからも全力で応援します。

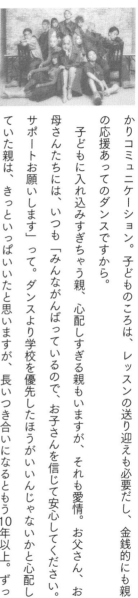

一生懸命努力して成長した時間はダンスの上達に生かされる

しばらくダンスを休んでいた時期、モチベーションを保ち続けられたのは、「ダンスができないと自分は衰える」という考え方をやめたからです。それまでは、練習ができないと確実にダンサーとしてダメになると思っていました。でも、その考え方をいったん捨てて、「今、私は必死にがんばっている、闘っている。お母さんとして、子どものためにごはんを作ったり、母乳をあげたり。寝る時間を削ってまで子どもの世話をしていてすごいんだ」と思うことにしました。

自分が何をがんばっているのか、あらためて見つめ直したら、毎日いっぱいがんばっていることを見つけられました。今は、ダンスの練習をできないけれど、未来のために人間として成長している時期なんだから、もっと自分を褒めてあげてもいいんだと思えたんですね。ダンスのスキルが落ちてしまうのは仕方ないけれど、人としては絶対磨かれているから、強くなれる。もっとオーラも出てきて、より一層輝けるかもしれない。そうやってポジティブに考えるようにしました。

たとえば受験勉強中の生徒にも、よくアドバイスしています。受験のために半年くらいダンスを休まなければならないことが、みんな不安に思いますよね。でも、ダンスはしていないかもしれないけど、一生懸命勉強しているんだから、半年後には確実にカッコいい自分になっているよって。

半年間ダンスのブランクがあったとしても、一生懸命努力して人間として成長できれば、それが自分の財産になるはずです。ダンスをしていなくても成長した自分に出会える。その間、努力して得た方法をダンスに生かせば、確実にパワーアップできるはずです。

それは、実体験でもあります。要は、気の持ちよう。人って何かをがんばるという経験が、必ず自分の教科書になり、その後の人生に生きてくる。私自身、ケガをしてダンスの練習ができなかった時期に、忍耐力を身につけたと思います。ケガで休んでいる間、ほかの元気な人を見ても、嫉妬しないで褒める心を持てば、すごく豊かな気持ちになれることも学びました。本当は、うらやましいんですよ。でも、負の感情にとらわれないで、もっと応援してあげよう、いいところを褒めてあげようと思うと、自分自身もポジティブになれた気がします。

ひざの手術から復活したとき、2年間で得た人間力を全部ダンスに使いました。だから、ダンスでどれだけヘコもうが、あのとき我慢できたから大丈夫と思うと、あまり落ち込むこともなかった。以前より自分のダンスのスキルは衰えたなと思っても、上手な人をもっと認めて、いいところをどんどん自分に取り入れようとしてきました。辛かった経験から得た、感情のバランスをコントロールする方法や人のために努力した時間が、ダンスに生かされたと思います。

何かをできなかったときに、みんな「ブランクがある」と言うけど、その間に人間として得たものがあれば、それを未来で使えばいい。絶対にすべての時間に意味はあるんだと逆境から学びましたね。

だから、ダンスができない期間があっても、ブランクと思わないでほしい。若い生徒たちや悩んでいる人には、人間としてがんばっていれば全部つながるよといつも伝えています。ダンサーでケガをしている人も多いと思うけど、ケガしている間にほかにがんばっていることはある？と聞きたいですね。

何かにがんばっていれば、復帰したときにはもっとスマートな自分になっているから。

考えてみたら、LAにいたときも同じでしたね。何かに耐えている時間、何かを犠牲にして悔しい時間は、未来の自分のためにあると断言できます。そうポジティブにとらえて、できることを必死で探してほしい。私は、子どものころにそういう経験をしているから、辛いことがあっても、「これは自分の忍耐が鍛えられている試練だな」とか、「今この感情を味わわなかったら、この先努力できないな」とか思うクセがついています。

今も何かあったら日記を書いているので、そういう体験を書くことでまた、自分と向き合えます。書いているときに子どものころの自分がフラッシュバックして、前もこんな悩みがあったな、根本は一緒だなと思うと、自然と解決しちゃうことも……。だから、大変なこともポジティブに乗り越えられるのかもしれません。

過去の経験は、自分にとって最良の教科書ですね。

失敗しても何度も何度も挑戦する それを積み重ねれば大きな夢が叶う

「どうしたらRIEさんみたいに、英語で楽しくコミュニケーションできるんですか?」

これも最近よく聞かれることですが、私が考える法則はただ一つ。それは、小さな努力を積み重ねれば、誰でも必ずできるようになるということ。

そんなシンプルなことなのに、みんな忘れちゃうんですね。私もしばらく忘れていたけど、子どもを産んで思い出しました。

英語で"Baby Step"という言葉があります。何かを成し遂げるには小さな一歩からという意味。赤ちゃんの一歩と同じで、恐れずにどんどん経験していけば、やがて夢に近づいていく。人生って、すべてその法則だと思います。英語の勉強も同じこと。

コロナ禍で留学ができないとか、忙しくて英語の勉強をする時間がないとか、言い訳ばかりしている人は進歩しませんね。できない理由を探しても仕方ない。

私のオススメは、好きな映画を見ることです。最初は意味がわからなくても、ずっと聴いていれば耳が慣れてきて、少しずつ意味を理解できるようになってきます。〝Good morning〟も〝Thank you〟も、耳なじみがあってすぐわかるでしょう？ その積み重ね。知っている単語をどんどん増やしていくことから始めてください。

今日覚えたことは、必ず毎日ノートに書くこと。スペルがわからなかったら、カタカナでもいい。文章じゃなくてもいい。単語一つでもいいから、聴いて書いて積み重ねていく。

私も、ずっと日本にいると英語を忘れてしまうから、内容がわかっている映画を見たり、外国人が英語をしゃべりながら部屋を片付けている動画を見たりしますよ。ラジオの英語放送を流すとか、とにかく英語がずっと耳に入ってくる状況を作るようにしています。

外国の人が働いているレストランやカフェを探して、英語で注文したり話しかけたりするのもいいですね。間違えても気にしない。失敗を恐れずに、とにかく行動あるのみです。

私も失敗ばかりしていますよ。失敗したり恥をかいたりすると、多くの人はもう嫌だって楽なほうに逃げたがるけど、自分を信じて何度も何度も挑戦することが大事だと思います。それをやらない人が、成功するわけないのだから。

一つ一つ小さな夢を叶え、成功を積み重ねていけば、きっと大きな夢も叶うはずです。

イライラしてもメリットはない
エネルギーを消耗するだけ
だったらそのエネルギーを
自分を磨くことや人を輝かせることに
使うほうがいいと思います

何かに耐えている時間
何かを犠牲にして悔しい時間は
未来の自分のためにある
過去の辛かった経験は
自分にとって最良の教科書です

CHAPTER 07

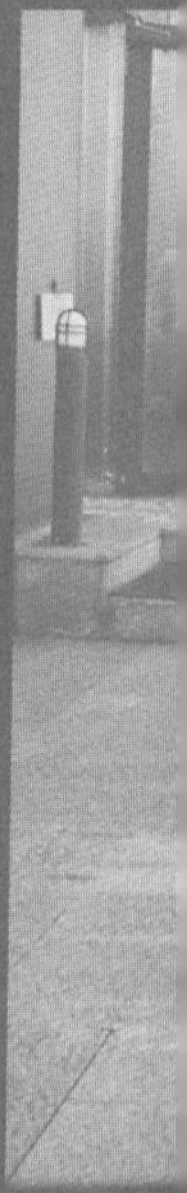
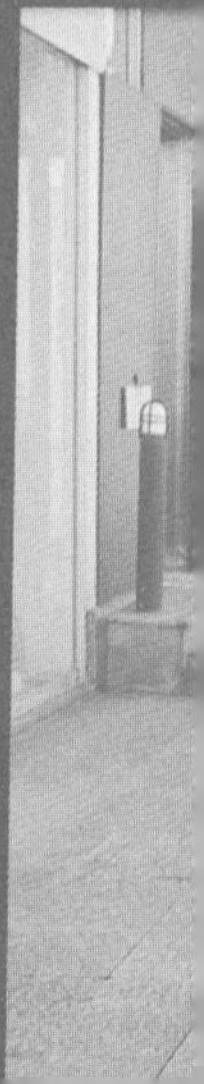

ダンス
は
ツールでしか
ない

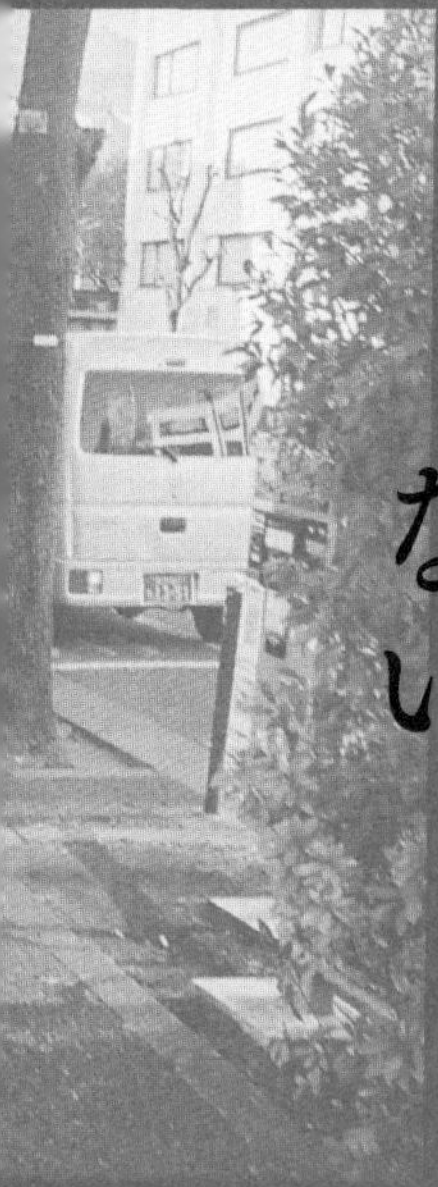
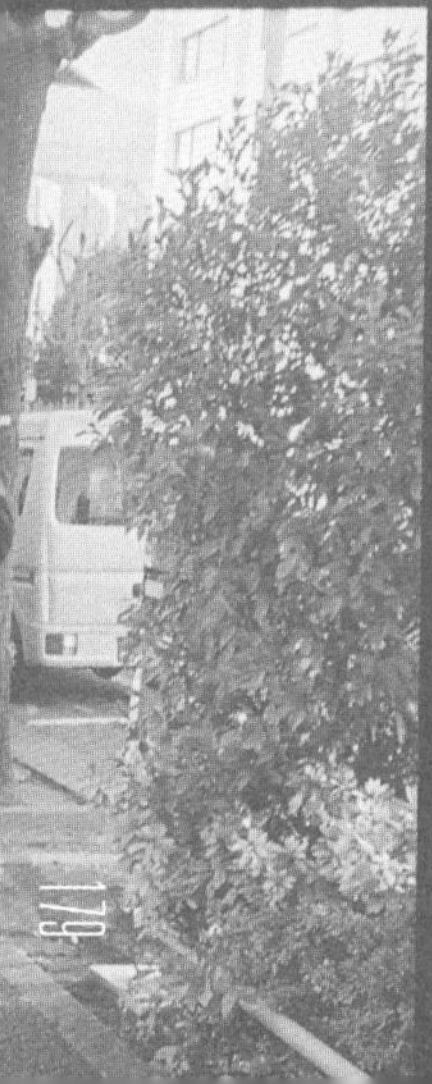

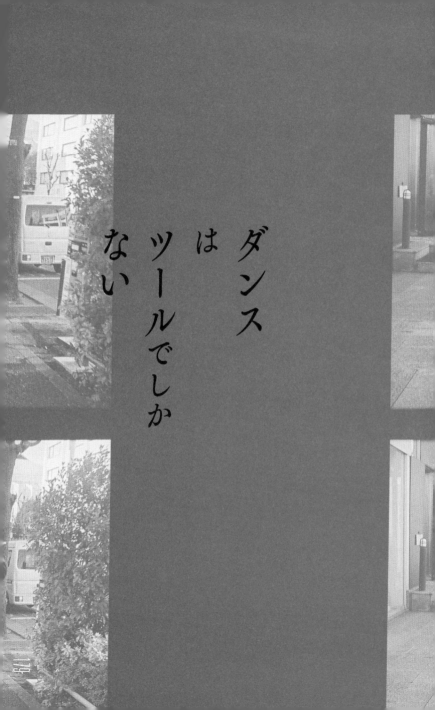

お母さんになっても活躍できるより輝いて人気も出ました！

2020年は、コロナ禍でみんな大変だったと思います。私の場合、やはりリモートでの振付が増えましたね。特にK-POPの仕事は、リモートがほとんどでした。

でも、物は考えよう。おかげで韓国と往復する時間を節約できたし、凝縮したレッスンや振付を効率よくできたのではないかと前向きにとらえています。

もちろん同じ空間で直接指導するのとは迫力が違うし、エネルギーの感じ方や細かい手の動きなど、微妙なニュアンスが伝わるのだろうかと心配でした。ところが、実際にリモートでやってみると、NCT、Red Velvetなど、みんな以前一緒にやっているグループだから、私の温度感もわかってくれている。完成したMVを見ると、リモートで指導したとは思えないほど見事に踊っていてさすがです。

しばらくは海外でのワークショップもできませんが、あらためて思い返してみると、私のダンススタイルを知っている人が世界中にいて、必要とされているというのは、すごくありがたいことです。「ぜひRIEHATAのダンスを教えてほしい」と頼まれると、「絶対私が行って教えたい」という使命感が芽生えます。

だから、小さい子連れで大変でも、世界のあちこちを転々としてきました。RHTの愛弟子たちが育って、アシスタントとして活躍してくれるようになり、仕事のかたわら息子たちの面倒を見てくれたのも懐かしい思い出です。

もうすぐ下の子も小学生。これからは、一人で身軽に動ける時間も増えるでしょうね。自由に海外へ行き来できる日々が、早く戻ってきますように。

一つ言えるのは、お母さんダンサーになって、私が以前より輝いているらしくて、周りの反応が変わってきたんですよ。最初は、ハンデがあるから、かつて自分が思い描いていた夢には到達できないだろうと半ばあきらめていました。ダンスのために自由に使える時間は少ないし、どうしても子ども中心の生活になるだろうと。

でも実際は、子どもを抱えて日々がんばっている姿に共感してもらえて、「すごいね！」と言われる機会も増え、前より人気が出ちゃったのではないかという実感があります。

クリス・ブラウンも、「あなたはお母さんなのに、こんなにイケててすごいね。心から尊敬するよ」って言ってくれる。

　もっとうれしいのは、「子どもは欲しいけれど、ダンスをやめるのが怖い」と言ってた周りの若いダンサーたちが、「ＲＩＥを見ていると、勇気をもらえる。子どもを産んでも自信を持ってダンスを続けたい」と声をかけてくれること。お母さんになっても活躍できていることが、みんなには衝撃みたい。芯のある強い女性に見えるのかな。

　今思うと、お母さんになったＲＩＥＨＡＴＡとしてダンスをがんばってこられたから、新たなステージへと飛躍できたのかもしれない。息子たちがいてくれるおかげで、ダンサーのＲＩＥＨＡＴＡがより魅力的に見えるのだろうなと、そんな気さえしています。

　キングとプリンスのファンも多いんですよ。「お子さんたちの成長をいつも楽しみにしています、将来が楽しみ！」というファンからのあたたかい言葉も増えて、本当に世界一幸せなダンサーですね。

クリス・ブラウンとは家族ぐるみのつき合い。

ママの母国フィリピンにダンスで恩返ししたい

人にダンスを教えるのが大好きです。現在は、決まったダンススタジオでのレギュラークラスは持っていなくて、自分で企画してワークショップを開催したり、オンラインレッスンをしたり。アーティストさんへのプライベートレッスンもやっています。

ダンス歴も20年を過ぎ、今は自分が教えたら100％上手くなるというメソッドができていて、確実に結果を出す自信もあります。

将来的には、日本にもっともっとヤバいダンサーが増えてほしい。そのためにも、いつかRIEHATAダンススクールを作って子どもたちを育成し、世界で通用するダンサーをたくさん生み出したいというのも一つの夢です。その場合、プロの育成に加え、ダンスを始めたいという子どもたちのきっかけとなるような初心者向けのクラスや純粋にダンスを楽しみたいというシニアクラスなど、広い視野でダンスに触れられるようなスクールにできればいいなと考えています。

ダンスって心が豊かになるし健康にもいいから、スポーツが苦手な人にも体を動かす手段としてすすめたい。踊ればみんなハッピーになる！

ママの母国フィリピンには、ダンススクールに行きたくても貧乏でお金がないという子たちがいっぱいいます。フィリピンは大好きな国で、親戚も住んでいるから何度も訪れていますが、そういう子どもたちにもダンスを学べる場を提供していきたいですね。

音楽が普段の暮らしに浸透している文化だから、屋根がないような貧しい家に住んでいても、すごいリズム感があって才能に溢れている子たちがいます。コロナ禍が収束したら、ぜひまたダンスを教えに行きたいと思っています。

２０１８年から２０１９年の頭にかけて、フィリピンで年越しをして１カ月くらい滞在したときも、何度かダンスを教えたんですけど、すごく盛り上がって喜ばれました。私がダンスや音楽好きなのは、フィリピンの血が流れているおかげでもあるので、ダンスで恩返ししたいなと思っています。

とにかくお祝い事があると、すぐ音楽が鳴ってみんな踊り出す。陽気で明るい性格や感情を全身で表現するところなど、ママから私も受け継いでいて、自分でもフィリピン人みたいだなあと思うことがしばしば。めっちゃ大声で笑ったり、めっちゃ喜んだり。人から「リアクションがデカいよね」と言われることも（笑）。

ママは還暦を過ぎたけど、いまだに少女の心のまま喜んだりする人で、感受性が豊かですね。陽気な性格で、いきなりハワイアンダンスやフラメンコを習い始めたかと思えば、ヨガやアロマにはまったり。いろんな趣味に目覚めて、いつも楽しそうです。

義理の父とは、夫婦ゲンカしながらも仲が良いので、娘としては安心。父は会社の経営者として成功している人で、すごく頭がいいので、ビジネス関係の相談をすると、経験を生かして的確なアドバイスをしてくれる。「RIEは、頭の回転が早い。自己プロデュース力もすごいよね」と、ほかの人とは違う視点で私のことを褒めてくれるのもうれしいですね。ママは、「RIE、最近上手くいっているようだけど、感謝が足りないんじゃない？」とか、たまにドキッとするようなことを言ってくる。

私が、華やかな世界で仕事をしながらも、地に足がついた普通の女性でいられるのは、両親はじめ家族のおかげだとつくづく思います。

ダンサーの地位を向上させるために一般の人にも身近な存在になりたい

2019年6月に株式会社RIEHATATOKYOを立ち上げ、社長に就任しました。ダンサーって、お金の面がしっかりしていない人も多く、税金のことなどもちゃんと処理できなかったりするので、私は金銭面でも若い子たちのお手本になれるよう、会社組織にして収入を管理することにしました。

義理の父には、会社の経理を手伝ってもらっていて、給料も払っています。ママには、ベビーシッターをお願いすることがすごく増えているので、親とはいっても仕事として会社からお支払いするようにしました。最初は「いらないよ」って言ってくれたけど、時間も労力も相当使ってもらっているので、そこは礼儀としてきちんとしたいと思ったんです。

ダンサーの仕事は、よほど有名にならない限りは、友人の紹介などで話が来ることが多い。だから以前は、自己プロデュース力を磨いて、ダンサー自ら仕事を取りに行く必要がありました。でも、この10年くらいでダンス界も本当に変わってきて、マネージャーさんがついているダンサーもかなりスタンダードになってきました。

私の場合、かなり早い段階からマネージャーをつけていたので、当時は珍しがられましたが、少しでもダンサーの仕事を豊かにするきっかけになっているならよかったと思います。


ダンサーってすごくクリエイティブな仕事なのに、日本ではまだまだ世間からあまり認められていないという歯がゆい思いもあります。歌手の後ろで踊っている人とか、クラブシーンにいる人みたいなアンダーグラウンドなイメージ。だから、もっとダンサーの地位を向上させて、一般の人が身近に感じてくれる存在になれるよう、少しでも貢献していきたい。

日本初ダンスのプロリーグであるDリーグも始まり、これまでダンスを見たことがなかった人も観戦してくれるようになるといいなあ。サッカーのスター選手みたいに、応援したい人気ダンサーが出てきたらおもしろいと思うし、ダンサーがもっとアーティスト化する可能性だってある。

「ダンサー」という職業が、早くいろんなすごい職業と対等に並ぶくらいになり、一人でも多くのダンサーにとって、誇りと思えるようになってほしいと願っています。

ダンスという軸があるからこそ仕事の可能性を広げていける

小さいころから目立つのが好きで、カメラの前に立つことに憧れ、「歌って踊れるアーティストになりたい」という夢が、私の出発点でした。やがてダンスが大好きになり、世界的なダンサーを目指して努力してきましたが、ダンスを仕事として活動していくうちに教えることや振付の仕事にもおもしろさを見出し、さらにダンスの衣装、音楽、ＭＶの演出と、どんどん自分がプロデュースする範囲も広がっています。

今までの常識で考えると、専門分野をどれか一つに絞るべきなのでしょうが、私は全部やっていきたい。自分が踊りたいし、指導や振付もしたい、ファッションも発信したい、ゼロから世界を創り上げていきたい！ おそらく歴代のダンサーにはない活動の広がり方だと思います。

それはすべて、ダンスという軸があるからできること。私のＳＮＳを見て、憧れてくれる人たちは、ダンサーになればファッションの仕事もできるし、歌も歌えるって夢を見てくれているかもしれない。ワクワクできる選択肢が増えるのはいいことだけど、その反面すべてが中途半端になる恐れもあります。どんな夢を追いかけるにしても、まず一つは「これが自分の武器だ」と絶対的な自信と実力があるものを持ってほしい。

ダンスが一番得意なら、ダンスでトップを目指す。誰にも文句を言わせないくらいの実力を身につけ、その土台をキープし続けていければ、将来ほかのジャンルに活躍の場を広げたとしても楽しめるはず。

ダンスが上手い人は、いろいろな分野で輝ける可能性があると思います。衣装も自分で選ぶから自己プロデュース力も必要だし、音楽の才能も磨かれる。人から見られることで、常に体型や容姿にも気をつけ、自信に満ち陰れたオーラを放つようになる。色彩感覚がよく個性的なファッションが似合ったり、絵を描くのも上手い人が多かったり、空間認知能力に優れていてインテリアコーディネートのセンスがあったり。演出家やカメラマンの才能が優れている人もいるでしょう。

若いダンサーには、まずは自分の芯となるべきものをしっかり確立してから、どんどん好奇心を広げ、多彩な才能を開花させてほしいですね。

ダンスをツールとして世界にメッセージを発信していく

今は「ダンサー」という肩書きに誇りを持っています。

数年前までは、「ダンサー」という枠にはまりたくないと抵抗していた時期もありました。肩書きを聞かれても、「ダンス・アーティスト」と名乗ったり、「ダンサー、振付師、モデル」といろいろ並べたり（笑）。

でも、今、やっぱり自分は、「ダンサー」として世界に立ちたいと思っています。

ダンサーとしてDリーグを盛り上げ、ダンサーとして歌を歌い、ダンサーとして服をデザインし、ダンサーとしてこの本を書いている。ダンサーという言葉がチャラそうに思われたり、過小評価されたりしないよう、私が先駆者としてイメージを変えていきたいです。

世界で活躍するアーティストからも尊敬されている職業が、ダンサーだと思うんです。エンターテイナーであり、クリエイターでもある。肉体と感性を武器に努力し続けているカッコいいダンサーたちが、周りには大勢います。みんな、自分の職業にもっと自信を持とう！

……と熱く語った後で驚かれると思いますが、実は私にとって「ダンスはツール」でしかないのも事実。ダンスを通して、世界のトップになるという夢を叶えたのがRIEHATA。

言い方が乱暴だけど、私はダンスが得意だから、手っ取り早く世界に立つにはダンスしかなかった。ダンスで世界のトップに行けたからこそ、クリス・ブラウンのような憧れのアーティストとも対等に話せるし、世界を代表するブランドのナイキとも仕事ができるのだと感謝しています。たまたま神様から与えられた特技がダンスだったということ。

人それぞれ、いろんな特技を持ち、いろんな仕事をしているのだから、それをツールにすれば見える景色は広がるはず。ダンサーはこの景色、学校の先生はこの景色、大工さんはこの景色って決まっているものじゃないと思うんですね。特技をどんどん磨いていけば、いろんな景色が見られる。それが楽しい。人生には限界がないし、世界は広いと思います。

最初は私も、ダンサーとしてストイックにがんばるだけでした。やがてトップダンサーと言われるようになり、そこで世界が広がっていろんな景色が見えてきたのだから。もっと歌も歌いたいし、楽器も演奏してみたい。今は、あれもやりたい、これもやりたいって感じで、挑戦したい欲が止まらない。

ファッションの仕事にも本格的にかかわるようになったので、このセンスと技術もこれからもっと磨いていきたい。将来どうなるのか、すごく楽しみです。

たぶんダンサーとしてここまで来られなかったら、そんなふうに世界が広がることもなかったと思うから、ダンスに感謝。ダンスやっててよかった！　もっと注目されるような立場になって、たくさんの人を喜ばせ、世界にメッセージを発信していきたい。

人生を振り返ると、自分を信じられず挫折しそうになった場面もいっぱいあります。心が折れそうになったときは、応援してくれるファンや家族の励まし、ＲＨＴが見せてくれる希望など、すべてをプラスのエネルギーに変えて乗りきったから、周りには感謝しかない。みんなが私を信じてくれたからこそ、私も自分自身を信じることができたのだと思います。

もちろん味方ばかりだったわけではなく、中傷されたり邪魔されたりしたことも何回もあった。それでも応援してくれる人がいる限り、めげずにがんばろうと思って踊ってきました。生徒たちにも、「もしひどいことを言われても、あなたのことを褒めてくれる人が一人でもいたら、そっちの言葉を信じたほうがいいよ。絶対力になるから」と伝えています。

実力がものを言う世界だから、誰にも文句を言わせないよう、もっと自分が努力して全部吹き飛ばせばいい。ひと昔前は、ヒップホップといえば男のダンスというイメージだったから、「女が男のまねをしてる」と言われ、悔やしい思いをしたことも多々ありました。だったら男になってやろうと思って、女のボディラインを隠して、ブカブカの服を着て踊っていたこともあったんですよ。

そういう時代も経て、カッコよく踊れたら、ヒップホップダンサーに男も女も関係ないと思えるようになりました。世の中も変わり、もはや性別で判断されることもなくなったけど、それには私も少しは貢献できてたらいいな。

クリス・ブラウンもEXILEもBTSも、ダンサーとしての私を評価し、リスペクトしてくれる。生徒にも男の子が多く、「RIEさんみたいにカッコよく踊りたい」とついてきてくれる。私がダンスを始めたころは、男の子が女の先生に習うなんてことは想像できなかった。

ダンスはツールというより、もはや私の体の一部。RIEHATAの代名詞であり、稼ぎ頭でもあり、プライドでもあります。ダンスがあれば怖いものなし。何だって挑戦できる。30代からの未来に、どんな景色が見えるのか。

RIEHATAのこれからが楽しみ!!!

どんな夢を追いかけるにしても
まず「これが自分の武器」と絶対的な自信と
実力があるものを持ってほしい
自分の芯となるべきものを
しっかり確立してから
どんどん好奇心を広げ
多彩な才能を開花させてほしい

自分を信じられず
挫折しそうになった場面も
いっぱいあります。でも
みんなが私を信じてくれたからこそ
私も自分自身を信じることができた
周りには感謝しかありません

Love you
KING
&
PRINCE

mommy

Q 振付が思いつくのはどんなときですか？

よいことがあって気分がいいとき

Q 好きな飲み物は？

カフェラテ

Q いま注目しているファッションブランドは？

NIKE

Q どんなときに泣きますか?

人に助けられたとき

Q.最近一番笑ったことは？

いつも爆笑してるけど、しいて言えば
息子たちとRHTでよみうりランドに行ったとき。
涙出るくらい笑った

Q 日本で一番好きな場所は？

我が家

Q 得意なお料理は何ですか？

フィリピン料理。
あまりものでフリースタイル

Q 朝は早いほうですか？

早いです

Q 影響を受けた音楽アーティストは？

クリス・ブラウン

Q スニーカーは何足くらい持っていますか？

100足くらい？数えていないけど3つの家に
収納してるくらいの数はあります（笑）

Q 好きな映画は？

『天使にラブ・ソングを2』

Q 座右の銘は？

「上には上がいる」
「人には自分がされたいことをする。されたくないことはしない」

Q 好きな食べ物は？

天丼、
寿司、
サラダ

Q 苦手な食べ物は？

ない。しいて言うなら、辛いもの

Q 影響を受けた本（or漫画）は何ですか？

聖書

Q 愛用の化粧品は？

ベアミネラルなど、ヴィーガンコスメブランドは好き

Q お気に入りのカフェは？

テラスのあるカフェが好き

Q お気に入りの香水は？

ジョーマローンのダークアンバー
＆ジンジャーリリー、ルラボが好き

Q 息子さんにこれだけはやってほしくないことは何ですか？

人を見下すこと
愛を忘れること

Q いま注目しているショップは？

atmos pink。自分がコラボさせてもらったり、私のセンスを信じて発信してくれるから。ダンサーを応援してくれるから

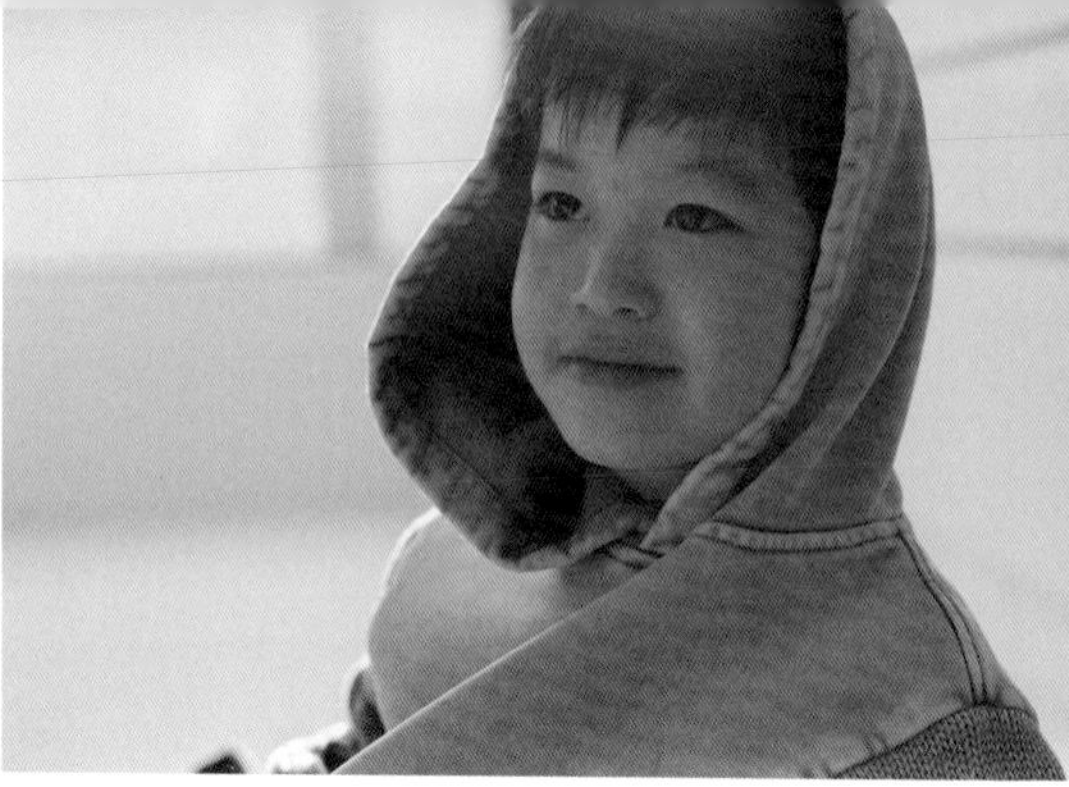

Q 子連れで行くと楽しい場所は

タイ。お姉ちゃんが住んでるから

Q 体調管理のために気をつけていることは？

ヘルシーな食事、運動、水をよく飲むこと

Q 30年後は何をしていますか？

心踊っている

Q ダンスを職業にしてよかったことは？

カッコいいイケてる自分になれた。
たくさんの才能や人に会えたこと

Q 仕事には関係のない趣味がありますか？
すべてが仕事に結びつくので、関係ないことは思いつきません（笑）

Q 緊張するときはありますか？
息子や生徒が緊張しているとき

Q よく見る夢はありますか？
そのときしている仕事。
よく夢の中でも振付を作っています

Q 人生で一番会ってみたい憧れの人はいますか？
マイケル・ジャクソン

Q 自分の性格で嫌なところは？
あんまり寝ないでがんばりすぎ
ちゃうところ。休めない……（笑）

Q 今の仕事についていなかったら何になりたかった？
学校の先生、それか総理大臣

Q コロナが収束したら行きたい国は？
タイ

Q 自分を動物にたとえるなら？
ライオン

Q 1年で一番好きな季節は？
夏

Q お気に入りのリラックス法は？
温泉、マッサージ、走る、カフェラテを飲みながら太陽を浴びる

Q Dリーグをひと言で言うと？
青春

Q 世界中で一番お気に入りの場所は？
旅ならギリシャのサントリーニ島

Q コンビニでよく買う物は？
レジで淹れるカフェラテ、蒲焼さん太郎

Q カラオケでよく歌う曲は何？
「オリビアを聴きながら」

Q よく見るYouTuberは？
ランダムにMVを流したり、海外のVlogやROOMTOURとかを見てて、日本のYouTuberはあまり詳しくないですが、息子とよくフィッシャーズやカジサックは見ます

Q 一番の宝物は何ですか?

息子たち、RHT。

おわりに

最後まで読んでいただき、ありがとうございます。

これから何かに挑戦しようとしている人は、ワクワクする気持ちがより高まっていませんか。きっと自分にもできると、自信を持ってもらえたならうれしいです。

自信とは、文字通り自分を信じること。最初は自信がなくても、誰かに否定されたとしても、まずは自分を信じ続けることをあきらめないでください。そうじゃないと、一歩目を踏み出せないし、チャンスも寄ってこないから。


私も最初は、ただのダンス好きな小学生でした。田舎町の小さな女の子が、やがて世界中に知られるダンサーになるとは、誰も思っていなかった。でも、自分だけは、「絶対にできる」と決意し、自分を信じて努力を続けてきました。きっとあなたも、「絶対に自分は成し遂げる」という強い意志で、ぶれずに生きていれば、いつか目標を叶えることができます。

根拠や理由を考えるより、まずはシンプルに自分を信じることが大切。

そうすれば、自分の気持ちや行動が、目標に向かってまっすぐ突き進むはずです。

二人の息子も、もう9歳と6歳。だんだん個性が芽生え、それぞれ興味を持つことにも違いが出てきました。よく「お子さんにダンスをやらせるんですか?」って聞かれるけど、それは彼ら次第。人として大切なことは全力で教えますが、息子たちには意志や好奇心のおもむくままにのびのび成長し、彼ら自身がアンテナをはり巡らして、自分の五感やセンスで夢を見つけてほしい。それが、母の幸せでもあります。何より我が子を愛し、信じていますから♡(笑)

私も、まだまだやりたいことや目標がたくさんあり、満足することはありません。

これまでダンス人生を送ってきて、ファッションや歌にも枝葉を広げてきました。最近は、ラップや作詞にも挑戦しています。今後はダンスと歌を融合させ、エンターテイナーとして、大切なメッセージをもっと世の中に発信していきたいという使命を感じています。

RIEHATAが発信するエンターテインメントを通し、信念を持って生きるパワーやポジティブなバイブスを皆さんに届けられたらと思います。

世界中の人が元気になり、もっともっとハッピーな世の中になりますように!
モチベ上げていきましょ‼☼

RIEHATA（リエハタ）

1990年8月9日、新潟県生まれ。Chris Brown、Lady Gaga、BTS、TWICE、EXILE等の国内外アーティスト本人からラブコールを受けるダンサーアーティスト・コレオグラファー。2018年から現在もナイキグローバルモデルに起用されナイキアンバサダーを務める。45万人を超えるフォロワー数を誇るInstagramアカウントではダンス／ファッション／ライフスタイル／子育てを発信。

Instagram：@riehata
Twitter：@RIEHATAQUEEN
YouTube：RIEHATA
Official Web Site：hatafam.com

制作統括：RIEHATA

アートディレクション＆デザイン：我妻晃司 [YAR]

写真：
toki（カバー表、P1、P6～15、P66）
草野庸子（カバー裏、P42、P69、P94～95、P154～155、P178～179、P196～205）

スタイリング：
二宮ちえ（P9～15、P66）

ヘアメイク：
宮本由梨（カバー表、P1、P6～15、P66）
TORI.（カバー裏、P42、P73、P134～135、P160～161、P184～185、P198～205）

制作協力：日高雄二郎、木浪 綾 [STARBASE]

衣装協力：
NIKE
KITH
Name.

取材・文：川島敦子
校正：麦秋新社
DTP：G-clef
編集：佐々木健太朗 [KADOKAWA]

ダンスで世界《セカイ》を変《カ》えた人生《ジンセイ》サバイブ術《ジュツ》
逆境《ギャッキョウ》モチベ QUEEN《クイーン》

2021年4月1日　初版発行
2023年6月15日　3版発行

著　者：RIEHATA《リエハタ》
発行者：山下 直久
発　行：株式会社 KADOKAWA
〒102-8177　東京都千代田区富士見2-13-3
電話 0570-002-301（ナビダイヤル）
印刷所：大日本印刷株式会社

●お問い合わせ
https://www.kadokawa.co.jp/（「お問い合わせ」へお進みください）
※内容によっては、お答えできない場合があります。
※サポートは日本国内のみとさせていただきます。
※ Japanese text only
定価はカバーに表示してあります。

Printed in Japan
ISBN 978-4-04-896960-4 C0095